书海耕耘 强少年

董承耕 著

SHUHAIGENGYUN
QIANG
SHAONIAN

厦门大学出版社　国家一级出版社
XIAMEN UNIVERSITY PRESS　全国百佳图书出版单位

图书在版编目(CIP)数据

书海耕耘强少年/董承耕著.—厦门：厦门大学出版社，2020.1
ISBN 978-7-5615-7708-0

Ⅰ.①书… Ⅱ.①董… Ⅲ.①读书方法－青少年读物 Ⅳ.①G792－49

中国版本图书馆 CIP 数据核字(2019)第 301047 号

出版人	郑文礼
责任编辑	冀 钦　朱迪婧
封面设计	李夏凌
技术编辑	许克华

出版发行　*厦门大学出版社*

社　　址	厦门市软件园二期望海路 39 号
邮政编码	361008
总　　机	0592-2181111　0592-2181406(传真)
营销中心	0592-2184458　0592-2181365
网　　址	http://www.xmupress.com
邮　　箱	xmup@xmupress.com
印　　刷	厦门市明亮彩印有限公司

开本　889 mm×1 194 mm　1/32
印张　6.25
插页　1
字数　120 千字
版次　2020 年 1 月第 1 版
印次　2020 年 1 月第 1 次印刷
定价　45.00 元

本书如有印装质量问题请直接寄承印厂调换

厦门大学出版社
微信二维码

厦门大学出版社
微博二维码

习近平寄语少年儿童：
好好读书，才能梦想成真

青少年要敢于有梦。从《西游记》到凡尔纳科幻小说，飞船、潜艇今天不都有了吗？有梦想，还要脚踏实地，好好读书，才能梦想成真。

——2013年5月21日，习近平在四川芦山地震灾区看望慰问受灾群众期间，在龙门乡隆兴中心校参加五（2）班主题班会时说

少年强、青年强则中国强。少年强、青年强是多方面的，既包括思想品德、学习成绩、创新能力、动手能力，也包括身体健康、体魄强壮、体育精神。

——2014年8月15日，习近平看望参加青奥会的中国体育代表团时说

希望你们向爷爷奶奶学习，热爱党、热爱祖国、热爱人民，努力成长为有知识、有品德、有作为的新一代建设者，准备着为实现中华民族伟大复兴的中国梦贡献力量。

——2016年5月30日，习近平在给大陈岛老垦荒队员的后代、浙江省台州市椒江区12名小学生的回信中指出

少年儿童从小就要立志向、有梦想，爱学习、爱劳动、爱祖国，德智体美全面发展，长大后做对祖国建设有用的人才。

——2013年5月29日，习近平在北京市少年宫参加"快乐童年放飞希望"主题队日活动时说

要做一个好人，就要有品德、有知识、有责任，要坚持品德为先。你们现在都是小树苗，品德的养成需要丰富的营养、肥沃的土壤，这样才能茁壮成长。现在把自己的品德培育得越好，将来人就能做得越好。

——2015年6月1日，习近平在中国少年先锋队第七次全国代表大会上强调

由于大家还在学习阶段，社会阅历不多，对社会主义核心价值观的涵义不一定能理解得很深，但只要牢记在心，随着自己年龄、知识、阅历不断增长，会明白得更多、更深，更透。

——2014年5月30日，习近平在北京市海淀区民族小学主持召开座谈会时的讲话

志向是人生的航标。一个人要做出一番成就，要有自己的志向。一个人可以有很多志向，但人生最重要的志向应该同祖国和人民联系在一起，这是人们各种具体志向的底盘，也是人生的脊梁。

——2015年6月1日，习近平在中国少年先锋队第七次全国代表大会上强调

想象力、创造力从哪里来？要从刻苦的学习中来。知识越学越多，知识越多越好，你们要像海绵吸水一样学习知识。既勤学书本知识，又多学课外知识，还要勤于思考，多想想，多问问，这样就能培养自己的创造精神。

——2013年5月29日，习近平在北京市少年宫参加"快乐童年放飞希望"主题队日活动时说

"少壮不努力，老大徒伤悲。"千里之行，始于足下。每个人的生活都是由一件件小事组成的，养小德才能成大德。少年儿童不可能像大人那样为社会做很多事，但可以从小做起，每天都可以想一想，对祖国热爱吗？对集体热爱吗？学习努力吗？对同学们关心吗？对老师尊敬吗？在家孝敬父母吗？在社会上遵守社会公德吗？对好人好事有敬佩感吗？对坏人坏事有义愤感吗？这样多想一想，就会促使自己多做一做，日积月累，自己身上的好思想、好品德就会越来越多了。

——2014年5月30日，习近平在北京市海淀区民族小学主持召开座谈会时的讲话

你们就是要从小精神起来、抖擞起来。国家进步靠青出于蓝而胜于蓝。文化软实力是国家综合实力的重要体现，同学们要多背诵一些优秀古诗词，长大以后才能文思泉涌。

——2014年5月30日，习近平在海淀区民族小学听了同学们齐声背诵《少年中国说》后表示

心有榜样，就是要学习英雄人物、先进人物、美好事物，在学习中养成好的思想品德追求。我国历史上有很多少年英雄的故事，在中国共产党领导人民进行的革命、建设、改革事业中也涌现了大批少年英雄，他们中不少人的名字同学们可能都听说过。

——2014年5月30日，习近平在北京市海淀区民族小学主持召开座谈会时的讲话

人世间的一切成就、一切幸福都源于劳动和创造。时代总是不断发展的，等你们长大了，生活将发生巨大变化，科技也会取得巨大进步，需要你们用新理念、新知识、新本领去适应和创造新生活，这样一个民族、人类进步才能生生不息。从现在起，你们就要争当勤奋学习、自觉劳动、勇于创造的小标兵。

——2015年6月1日，习近平在中国少年先锋队第七次全国代表大会上强调

生活靠劳动创造，人生也靠劳动创造。你们从小就要树立劳动光荣的观念，自己的事自己做，他人的事帮着做，公益的事争着做，通过劳动播种希望、收获果实，也通过劳动磨炼意志，锻炼自己。

——2013年5月29日，习近平在北京市少年宫参加"快乐童年放飞希望"主题队日活动时说

大家都知道我喜欢足球。其实，我还喜欢着篮球、网球，而且很喜欢武术。希望孩子们要文明精神、野蛮体魄，把身体锻炼好，把知识学好。

——2014年5月30日，习近平在北京市海淀区民族小学座谈时说

听说有的同学喜欢比吃穿，比有没有车接车送，比爸爸妈妈是干什么工作的，这样就比偏了。一定不能比这些。"自古雄才多磨难，从来纨绔少伟男"、"少年辛苦终身事，莫向光阴惰寸功"。要比就比谁更有志气、谁更勤奋学习、谁更热爱劳动、谁更爱锻炼身体、谁更有爱心。

——2014年5月30日，习近平在北京市海淀区民族小学主持召开座谈会时的讲话

不要嫌父母说得多，不要嫌老师管得严，不要嫌同学们管得宽，首先要想想说得管得对不对、是不是为自己好，对了就要听。有些事没有做好，这不要紧，只要自己意识到、愿意改就是进步。自己没有意识到，父母、老师、同学指出来了，使自己意识到，愿意改也是进步。良药苦口利于病，忠言逆耳利于行。我们要养成严格要求自己、虚心接受批评帮助的习惯。

——2014年5月30日，习近平在北京市海淀区民族小学主持召开座谈会时的讲话

前　言

2017年本人撰写的《少年强　则国强》一书问世后，反响比较强烈。不少好友建议，希望能对如何强少年作更深入的探究。为此，撰写《书海耕耘强少年》一书，作为粗浅的回应，并向中华人民共和国成立七十周年献礼。

本书以习近平总书记关于青少年的论述为指导，呼吁青少年通过书海勤奋耕耘强起来，成为党和国家需要的全面发展的人才，以实现习总书记"寄语少年儿童好好读书"，"使梦想成真"的殷切期望。

本书共八章，分为三个部分：

一是论述书海耕耘对强少年的重要性（第一至三章）。这一部分主要介绍阅读的战略地位（第一章）、知识的作用（第二章）和书籍的功能（第三章）等，阐明书海耕耘对青少年成长的重大意义。

二是从书海耕耘的不同侧面，为强少年提供锐利武器（第四至七章）。这一部分主要从端正学习动机（第四章）、运用科学的阅读方法（第五章）、培养良好的读书习惯（第六章）、在互联网时代两种媒体并存的情况下如何阅读（第七章）等方面，为青少年成长出谋献策。

三是介绍发达国家在推广全民阅读方面的有益做法（第八章）。

书海耕耘是一门系统科学。由于本人在理论上缺乏根底，对青少年特点研究不够深入，因此，挂一漏万以至失误在所难免，望读者批评指正。

本书其实是一种集体创作。在整个撰写过程得到多方的支持和帮助，有本单位的领导和亲朋好友，以及诸多的专家学者。他们不仅无私提供大量的研究成果，提出宝贵的修改意见，还在经济上慷慨解囊。为此，本人以真挚感恩之情，向他们表示崇高的敬意和衷心的感谢！

目 录

第一章　重要的战略地位 ·· 1
　　一、新时代使命 ·· 2
　　二、战略地位的依据 ·· 12
　　三、重要的促进举措 ·· 24

第二章　知识就是力量 ·· 36
　　一、知识的内涵 ·· 37
　　二、实现转化是核心 ·· 44
　　三、知识能改变命运 ·· 55

第三章　书是知识载体 ·· 64
　　一、书籍的含义 ·· 64
　　二、阅读现状令人忧 ·· 71
　　三、关键在于自觉性 ·· 79

第四章　为圆梦而学习 ·· 86
　　一、中国梦的内涵 ·· 86
　　二、志向高远动力大 ·· 90
　　三、书海耕耘为圆梦 ·· 95

第五章 巧读锦上添花 ························ 104
　　一、阅读的技巧 ························ 104
　　二、根据实际灵活运用 ················ 112
　　三、巧读的基本原则 ··················· 117

第六章 习惯决定命运 ························ 124
　　一、习惯的内涵 ························ 124
　　二、阅读习惯益终身 ··················· 129
　　三、良好阅读习惯的培养 ············· 135

第七章 善用两种媒体阅读方式 ············ 143
　　一、传统媒体与新媒体 ················ 143
　　二、"融合"才是总趋势 ··············· 148
　　三、互联网时代的阅读方式 ·········· 152

第八章 借鉴在于超越 ························ 158
　　一、重视是关键 ························ 159
　　二、提倡早期阅读 ····················· 166
　　三、加强研究促发展 ··················· 172

主要参考文献 ···································· 185

第一章

重要的战略地位

从梁家河的一个知青"读书迷"谈起。1969年,习近平响应党和国家关于知识青年上山下乡的号召,到陕北梁家河村插队。那年他不到16岁,在黄土高坡上,开始知青生涯,读书不辍。"爱看书""好学",是他留给陕北梁家河村老乡最深刻的印象之一。习近平是个读书迷,既勤于劳动锻炼,又善于在书海中耕耘。他们记得,他"带一箱子书下乡",在煤油灯下看"砖头一样厚的书","有时吃饭也拿着书"。

习近平有次在与各界优秀青年代表座谈时说:"我到农村插队后,给自己定了一个座右铭,先从修身开始。一物不知,深以为耻,便求知若渴。上山放羊,我揣着书,把羊圈在山坡上,就开始看书。锄地到田头,开始休息一会儿时,我就拿出《新华字典》记一个字的多种含义,一点一滴积累。我并不觉得农村7年时光被荒废了,很多知识的基础是那时候打下的。现在条件这么好，大家更要把学习、把自身的本领搞好。"

日月穿梭，光阴似箭，四十多年前在梁家河村插队的"读书迷"如今成为全国广大人民一致拥护的国家主席，这难道是偶然吗？决不！他的成长与他努力攻读是分不开的。正是在青少年时期爱读书、勤读书、善读书，为他的成长打下坚实的基础。我们从习近平的成长历程中不难看出，全民阅读尤其是青少年阅读对个人乃至民族极其重要。因此，在新时代，不论对个人发展还是国家民族的前途命运而言，都必须把全民阅读作为重要的战略任务。

一、新时代使命

把全民阅读提升到国家战略地位，让青少年一代在书海耕耘中茁壮成长，是新时代的一个重要使命。

"国家战略"这个词，最早出自美国，其定义是："在平时和战时，在组织和使用一国武装力量的同时，组织使用该国政治、经济、心理上的力量，以实现国家目标的艺术和科学。"日本给"国家战略"下的定义是："为了达成国家目标，特别是保证国家安全，平时和战时，综合发展并有效运用国家政治、军事、心理等方面力量的方策。"我国学术界对"国家战略"尚无统一定义，一般认为，它是指导国家各个领域的总方略。其任务是依据国家国内情况，综合运用政治、军事、经济、科学、文化等国家力量，筹划指导国家建设与发展，维护国家安全，达成国家目标。我们曾提出过国家知识产权战略、国家能源发展战略等。鉴于阅读的重要性，我们也应当把全民阅读提到国家战略的高度。

1. 时代发展的需要

（1）新时代的内涵

党的十九大明确指出："经过长期努力，中国特色社会主义进入了新时代，这是我国发展新的历史方位。"

"中国特色社会主义进入新时代，意味着近代以来久经磨难的中华民族迎来了从站起来、富起来到强起来的伟大飞跃，迎来了实现中华民族伟大复兴的光明前景；意味着科学社会主义在二十一世纪的中国焕发出强大生机活力，在世界上高高举起了中国特色社会主义伟大旗帜；意味着中国特色社会主义道路、理论、制度、文化不断发展，拓展了发展中国家走向现代化的途径，给世界上那些既希望加快发展又希望保持自身独立性的国家和民族提供了全新选择，为解决人类问题贡献了中国智慧和中国方案。"

"这个新时代，是承前启后、继往开来、在新的历史条件下继续夺取中国特色社会主义伟大胜利的时代，是决胜全面建成小康社会、进而全面建设社会主义现代化强国的时代，是全国各族人民团结奋斗、不断创造美好生活、逐步实现全体人民共同富裕的时代，是全体中华儿女勠力同心、奋力实现中华民族伟大复兴中国梦的时代,是我国日益走近世界舞台中央、不断为人类作出更大贡献的时代。"

十九大报告提出的这一科学概括,从五个方面深刻揭示了中国特色社会主义新时代的内涵和特征:

第一,是承前启后、继往开来,在新的历史条件下继续夺取中国特色社会主义伟大胜利的时代。即新时代的历史脉络,新时代的中国要举什么样的旗、走什么样的路的问题。

第二,是决胜全面建成小康社会,进而全面建设社会主义现代化强国的时代。即新时代的实践主题,新时代要完成什么样的历史任务、进行什么样的战略安排的问题。

第三,是全国各族人民团结奋斗、不断创造美好生活、逐步实现全体人民共同富裕的时代。即新时代的人民性,新时代要坚持什么样的发展思想、达到什么样的发展目的的问题。

第四,是全体中华儿女同心同德,奋力实现中华民族伟大复兴中国梦的时代。即新时代的民族性,新时代要以什么样的精神状态、实现什么样的宏伟目标的问题。

第五,是我国日益走近世界舞台中央,不断为人类作出更大贡献的时代。即新时代的世界性,新时代的中国处于什么样的国际地位、要对人类社会作出什么样的贡献的问题。

(2)新时代对人才要求

进入新时代,世界的政治、经济、技术格局都发生了翻天覆地的变化。对人才的需求,从来没有像今天这样渴望。全球化的趋势，也使得人才可以脱颖而出。那么新时代对人才的要求是什么呢？

第一，正确的世界观、人生观、价值观。一个人的世界观、人生观、价值观直接影响一个人做事的投入度和专注度，决定了一个人是否认真坦诚、是否坚韧勇敢、是否敬业自强。一个人的人生价值观念的取向正确与否与他是否能成才密切相关。一个人只有在有理想、有目标、有志向的前提下才能获得强大的精神动力，才能有坚定的信念，将自己的一生奉献给自己所从事的事业，才能成才。

第二，诚实守信。人无信不立，立都立不稳了，又怎可能成才，还能办成什么事。在浮夸、诈虞风气盛行之时，诚信之人成为一种稀缺宝贵的资源。诚信不只是一种声誉、品行、道义，更是一种责任、准则，是道德修养重要的一部分，是人之能立于世的最根本也最重要的资本。

第三，知识丰富。要做好一个岗位的工作，必须具备相关的专业知识，必须得先知道该怎么做，怎么将前人总结的理论和宝贵经验顺利实施。而且，只有拥有足够的、丰富的专业知识，才能总结出与前人不同的，甚至比前人更好的经验和理论。

第四，敢于创新。科技创新能力是一个国家进步的灵魂，是兴旺发达的不竭动力。没有创新能力的国家很难立于世界强国之林。一个国家的创新能力是以具备一定开拓创新能力的人才为前提条件的。拥有创新意识、创新思维和创新能力的人才难能可贵，之所以可贵是因为他们能见常人之未见，能发现常人所未发现的奥秘。时代需要创新，国家需要创新，决定了创新能力在新时代人才评价中的重要性。

第五，专业技能。才是立身之本。才通常说的是才能、才干。有知识，还得能干，才能做成事，才能称为人才。这就是说要有技能。它是指根据不同情况，运用知识和经验，正确解决问题，谋划运筹、创造发明，达到既定目标的本领。有才能的人才是我们需要的人才。

第六，与时俱进。信息时代瞬息万变，人们要想在这个多变的世界中获取成功，就必须练就一种非凡的应变能力。随着网络经济的到来，人力资源的发现—培养—抛弃的循环过程会更快、更强，人力资源的周期大为缩短。在这种变幻莫测的环境中，人们时刻面临着更新自己知识体系的压力。这就需要我们与时俱进，具备随机应变的能力，对环境做出适应的调整，以备不时之需。

第七，团结协作。信息时代的社会分工越来越细，团结协作显得尤为重要。只有更好地发挥个人的主观能动性，与其他协作的人共同发挥团队精神，整个团队才能获得整体性进步。信息时代的团队精神，不仅表现出一个人的品质，而且是团队高质、高效出成果的前提和保证。

第八，可转移能力。可转移能力是基于行动的一种能力，包括分析、写作、推理、管理等等。在高效快捷的信息时代中，任何一个团体或个人都不是一成不变的，他们随着时代的节奏而不断地"潮起潮落"。在这一过程中，一个人一生可能不会只做某一种职业，个人的学习技能和个人特质在不断的职位变更中也需要不断地更新，要想成功地适应这种不断运动的社会，人们的能力也必须处于"运动"之中，而这个"运动"的能力就是我们所说的可转移能力。

当然，从不同的层次和不同的角度，还可以提出更多相应的要求。前面所述仅仅是就人才的基本素质方面而提出来的。

对每个人来说，要达到上述要求必须付出巨大的努力，办法有很多，但从根本上讲，是靠书海耕耘。阅读与人类文明紧密相连，事关积累、传播和创造；阅读与民族文化相关，事关认同、传承和创新。人的一生是有限的，直接向别人学习的经验也是有限的。但阅读可以间接向别人学习，这种学习是无穷的。所以阅读可以提升我们观察世界的高度，加深我们认识社会的深度，为我们提供创造世界的利器。如果我们好好利用这一利器，努力塑造自己，就能成为新时代所需要的人才。

2. 建设学习型社会的要求

党的十六大从国家和民族复兴的战略高度，提出在我国建设学习型社会。

（1）什么是学习型社会

学习型社会是美国学者罗伯特·哈钦斯于 1968 年首次提

出的。联合国教科文组织国际教育发展委员会编著、被誉为"当代教育思想发展里程碑"的著名报告《学会生存》，特别强调"终身教育"和"学习型社会"两个概念，把学习型社会作为未来社会形态的构想和追求目标。从此，终身教育和学习型社会的理念就在国际社会迅速传播开来，成为许多国家、地区、社会团体推进和实施教育改革和发展的指导原则，成为社会发展和社会进步追求的一个重要目标。

所谓学习型社会，就是有相应的机制和手段促进和保障全民学习和终身学习的社会。其基本特征是善于不断学习，形成全民学习、终身学习、积极向上的社会风气。其核心内涵是全民学习、终身学习。就像是坐标上的两根数轴，全民学习、终身学习，从两个维度表明了学习与人们生存、发展的关系。学习型社会是时代发展和社会进步的结果，它对人们在学习上的要求比以往任何时候都更强烈、更持久、更全面，全社会的人只有不断地学习，才能应对新的挑战。

（2）学习型社会的基本特征

第一，学习型社会超越了传统工业社会的模式，以信息社会、知识经济为背景。

第二，学习型社会是与体制创新相适应的社会体系。创新是学习型社会发展的灵魂，体制创新必然推动社会持续变革，变革是学习型社会的本质特征和基本任务。

第三，学习型社会是21世纪人们新生活的家园。学习型社会为 21 世纪的人们获得全面发展、实现生命意义而营造良好的氛围。

第四，各类学习型组织是学习型社会的基石。构建学习型社会的大厦，必须有许多学习型组织和学习型个体作为基石。

第五，学习型组织是更适应先进生产力发展的组织模式。先进生产力的发展要求从经验管理到科学管理，再到学习型组织管理的机制和模式。

我们党和国家十分重视学习型社会建设，十八大以来，习近平不仅多次强调学习，而且身体力行。他在短短两年多时间，就主持中央领导集体学习达 20 多次。习近平在中央党校建校八十周年庆祝大会以及其他场合的讲话中，特别强调了全党学习建设学习型社会的重要性。他指出，要努力发展全民教育、终身教育，建设学习型社会。

（3）建设学习型社会的重要性

第一，建设学习型社会，是服务和推动我国在新的历史起点上持续发展的必然要求。在 G20 峰会上，习近平指出，今天的中国，已经站在新的历史起点上。在新的历史起点上，必须通过发展各种形式的继续教育，把我们的社会建设成一个全民学习、终身学习的学习型社会。唯有如此，才能源源不断地培养党和国家事业发展所需的各类人才，才能不断提高全体国民的素质以及学习、运用和创造新知识新技术的能力，使我国丰富的人力资源真正成为推动经济社会发展的持久动力。

第二，建设学习型社会，是落实创新驱动发展战略的重大举措。党的十八大将创新摆在国家发展全局的核心位置，但创新成果不是凭空产生的，需要以坚持不懈的学习作为重要基础和保障。只有通过发展多种形式的继续教育，开展全民阅读，才能加快推进学习型社会的建设。这样做有利于在全社会营造创新的氛围、夯实创新的基础，对于培养创新型人才、产出创新成果具有特殊而重要的意义。

第三，建设学习型社会，是实施积极老龄化战略的内在要求。目前，我国已进入世界人口老龄化国家行列，面对老龄化的严峻形势，建设学习型社会，吸引老年人参与学习，促进老年人终身发展，不仅有利于帮助老年人树立积极健康的老龄观，还可以帮助他们更好地参与经济社会生活，提高生活质量，实现老有所学、老有所教、老有所为、老有所乐，过上幸福的晚年生活，最终惠及子孙后代、惠及整个社会。

第四，建设学习型社会，是从源头上消除贫困的治本之策。习近平多次强调，治贫必先治愚，扶贫必先扶智。提升贫困人口素质和技能水平，对他们实现脱贫具有决定性作用。加快学习型社会建设，为贫困人口提供便捷的学习机会，不仅可以帮助他们获得脱贫所需的技术技能，还有助于改变他们的思想观念，坚定脱贫的决心信心，这对于从根本上消除贫困具有重大意义。

（4）全民阅读对建设学习型社会的作用

第一，书海耕耘丰富充实了学习型社会的内涵。联合国教科文组织在《学会生存》中明确指出，作为一个世界公民，最起码的受教育要求是让自己学会听、说、读、写、算等五大本领。其中阅读被列为写、算的前提和听、说的基础。我国政府从民族复兴的战略高度提出了建设学习型社会，倡导全民阅读的风尚。如果不实现全民阅读和终身阅读，那么建设学习型社会就成为空中楼阁，便是一句空话。

第二，推行全民书海耕耘，将使社会向学习型社会提升。加强社会主义文化强国建设涉及两个方面的相互作用：全民阅读推广和学习型社会构建，这两者的相互促进可以使传统工业模式的社会形态提升到以信息经济、知识经济为背景的更高级的社会形态。

第三，深化全民书海耕耘，将会促进我国形成完善的学习型社会。建设学习型社会离不开全民阅读。因为，全民阅读，在文化传播方面可以延续文化传承，在社会进步方面可以推动学习型社会风气的改良，在经济发展方面可以促进图书贸易的发展。从而可以有效地促进全民阅读活动创造最佳效益，形成比较完善的现代国民教育体系和"全民学习、终身学习"的学习型社会。

由此可见，全民阅读是建设学习型社会不可或缺的核心内容，是实现学习型社会的基本途径和重要手段，是形势发展的需要。因此，把全民阅读提到战略地位是新时代赋予我们的历史使命。

二、战略地位的依据

党的十八大明确提出我国要积极开展全民阅读活动。全民阅读对一个国家和民族的文化认同、民心的凝聚和共同的核心价值体系的形成有着重要意义，可以说，阅读影响着一个国家和民族的未来。1972年联合国教科文组织就号召全世界应该"走向阅读社会"，1995年联合国教科文组织将每年4月23日定为"世界读书日"，世界各国都热切响应，积极开展全民阅读的活动，一些国家还设立了国家阅读节，目前已有超过100个国家和地区参与此项活动。

近年来，特别是党的十八大以来，我国各地都开展了形式多样，内容丰富的阅读活动，积累了许多经验。但从总的方面看，这些活动还比较分散，还没有系统化、组织化、制度化，人们还没有完全养成习惯。因此，我们还必须大力开展宣传，提高认识，把全民阅读作为国家文化战略组成部分来理解。

1. 国家未来取决于阅读

国际阅读学会在一份报告中指出，阅读能力的高低，直接影响一个国家和民族的未来。"从根本上来说，一个民族、一个国家的竞争力不是取决于它的物质力量，而是取决于它的精神力量；而一个国家、一个民族的精神力量，不是取决于这个民族的人口数量，而更多地取决于它的阅读能力。"全民阅读是提高民族素质的重要途径，一个国家、一个民族要想立足于世界，必须有坚实的思想基础和核心价值体系。现代社会是一个有着多元文化思潮的变革的时代，在这种背景下，我们不能单靠高度集权的行政手段来控制社会主流意识形态，应对这一时代挑战还得依靠全民阅读。通过全民阅读让民众认识祖国和各个民族的悠久历史文化，加深对祖国的了解，并从内心认可民族文化的精华，发扬民族文化优秀传统，找到归宿感和精神家园。而全民阅读的兴趣、能力与习惯，又主要靠教育。因此，教育是国家战略的重中之重，直接影响国家和民族的发展。教育实际上就是文化的"选编"。阅读则是文化演进的重要路径，从一定意义上讲，正因为阅读的实现，教育才能真正持续进步，也正因为有了教育的发展，才促进了科学和文化的飞跃，才有今天人类社会的高度发展。

大约 200 年前，法国著名文学家雨果曾说过，书籍是改造灵魂的工具。人类所需要的，是富有启发性的养料。而阅读，则正是这种养料。由此，学校的重要性便显示出来了，书籍的朝代开始了，学校为它准备条件。苏联著名的教育家苏霍姆林斯基也指出，一个学校可以什么都没有，只要有了为教师和学生精神成长而提供的图书，那就是学校。由此我们可以看到阅读在教育中的重要性。的确，学校教育在这 200 年里发生了翻天覆地的变化，读书似乎已经成为学校的代名词，学校已然成为"书籍的朝代"的主要殿堂。因此，在学校中，书籍是最不可缺少的材料和财富。学校教育最关键的一点，就是让学生养成阅读的习惯、兴趣和能力。如果一个学校将这个问题解决了，主要的教育任务应该说就算完成了。如果一个孩子在10多年的教育历程中，还没有养成阅读的兴趣和习惯，一旦他离开校园就很容易将书本永远丢弃到一边，这样的教育一定是失败的。可见，全民阅读与教育对一个国家和民族的重要性。

历史是最好的教师，二战后，美国和德国的崛起就是有力的佐证。人所共知，美国的强大始于二战，直到现在，它在世界霸主的地位无人能及。是什么原因促使美国在二战后迅速崛起，并长盛不衰的呢？二战结束前，美国总统罗斯福询问他的科技局局长："战争结束后，我们要做些什么？"局长给了他一份报告，指出科技足以改变一个国家的整体实力，要迅速改变美国科技落后的局面，就必须采用特殊的手段，发动一场特殊的战争——人才战争。于是在诺曼底登陆后，美国成立一支"阿尔索斯"突击队，其唯一的任务是抢在苏联之前，俘虏德国、意大利等国的优秀科学家，并说服他们加入美国国籍，为美国工作。而当时苏联只是抢运战败国的机器设备等资源。美国阿波罗登月，就是德国战俘冯·布劳恩的杰作。自此，美国开始了它的人才计划和强盛之路。在美国人看来，开放，尤其是不分种族，不分国籍地向全世界最杰出人才敞开大门，欢迎他们入籍，并提供广阔的发展平台，是美国走向强国之路的关键。而成为人才战争的赢家又与美国通过教育培养人才、吸引人才、激励人才的战略紧密相关。

德国作为二战的战败国，在战后，整个德国几乎变成一片废墟。国民经济遭到毁灭性打击，而且还要支付巨额的战争赔款，真正是"一穷二白"，极端困难。英国人曾计算过，仅柏林的垃圾就要30年才能清理光。但令人意想不到的是，仅仅过了5年，即1950年德国经济就恢复了，甚至发展速度很快，就连作为战胜国的英国都赶不上德国。

对于德国在二战后崛起这一奇迹般的变化，人们无不感到惊奇，许多专家学者都把主要原因归结为德国国民普遍受到良好的教育。由于他们高度重视阅读，广大劳动者有良好素质，有能力生产优质的产品，创造较高的经济效益。

德国教育历史悠久，在世界上享有盛誉。教育正是德国跻身世界强国的法宝。这固然因其有经济发达、投入充足等优势，但深入考察不难发现，德国教育取得成功的真正原因，乃在于他们在实践中不断发展完善以人为本、重视全民阅读、以社会需求为导向的先进教育理念。

犹太民族发展的历史也十分生动地说明了全民阅读的重要性。一个国家、一个民族的共同阅读形成其精神力量，而精神的力量对于一个国家软实力与核心竞争力的培育起着关键作用。

在以色列本土，大概有600多万犹太人，全世界的犹太人加起来不超过3000万人。这个在公元70年以后就失去国家、到处流浪并寄人篱下的民族，为什么会产生那么多世界级杰出人物？比如，马克思、爱因斯坦、弗洛伊德、海涅、门德尔松、柏格森、胡塞尔等等。在全美200名最有影响的名人和100多名诺贝尔奖得主中，犹太人就占了一半；在全美名牌大学教授中，犹太人占1/3；全美律师中，犹太人占1/4，华盛顿和纽约两地的大律师事务所合伙人中，犹太人占40%；美国的百万富翁中，犹太人占1/3；全美文学、戏剧、音乐的一流作家中，犹太人占60%……

人类的物质世界和精神世界，几乎都被犹太人改变过：马克思的唯物史观，改变了或依然在改变着人类对社会和历史的观点；弗洛伊德的精神分析学说，改变了人类对自身的认识；爱因斯坦的相对论，改变了人类对物理世界和时空的认识。《货币战争》一书甚至认为，是犹太人掌握着当今世界的金融命脉。

一个民族获得这么多杰出成就，靠的是什么？是智慧。而智慧的背后，是犹太人精神成长历程中对于书籍宗教般的情怀。犹太人嗜书如命，将阅读置于很高的地位。据说在以色列，平均每6个人就订一份英文报纸；犹太人会在书上涂一层蜂蜜，让孩子一生下来就知道书是甜的，他们还喜欢将书放在枕边。这种对书的迷恋和敬畏之情，非常值得我们关注。

总之，阅读对我们不断强化文化认同、凝聚国家民心、振奋民族精神、提高公民素质、淳化社会风气、建构核心价值等都具有不可替代的作用。

2. 个体发展的基础在于阅读

阅读对个体的精神成长至关重要。每个人的生命都像一粒神奇的种子，童年蕴藏着不为人知的潜力，而阅读能够唤醒这种潜力。如果没有阅读就不可能有个体心灵健康的高度的发展，不可能有个体精神完善的发育。因为，精神发育最重要的通道就是阅读。人类最伟大的思想和智慧都在书籍里，只有通过阅读，在书海中勤奋耕耘才能吸取其中的精华。

有人说社会实践是促进人类发展的关键因素，也有人说个体的发展是与在学校学习生涯中教师的教导分不开的，还有人认为自我体悟能力是完善发展自己的重要途径等等。但每个人的生命是有限的，所以实践的时空是有限的，能在学校接受老师教诲的时间也是有限的。至于自我体悟，正如毛泽东同志形象而生动地指出，人的正确思想既不能从天上掉下来，也不是头脑里固有的。而阅读具有能够超越时间的特点，能把这些统合起来，只有通过阅读才能更好地促进个体精神的发展。古今中外的历史都证实，许许多多的成功者都与书籍结下不解之缘：春秋战国时期的苏秦锥刺股发奋读书成为当时的大政治家；东汉的孙敬"头悬梁"成了大学者；晋代车胤囊萤夜读成了当代名臣；北宋范仲淹划粥断齑好学不辍，终成大文学家；

俄国的高尔基宁愿受皮肉之苦，换取读书权利，勤奋苦学成为俄国大文豪；英国的牛顿弃商求学，成为世界著名的科学家。可见，成功与勤奋阅读成正比，通过努力阅读可以把天分变为天才。

脑科学的研究表明，大脑并没有专门负责阅读的区域，阅读是人类发展过程中一个相对较新的现象。正因为没有特定的基因组织直接负责阅读功能，我们的大脑只好在负责视觉和语言的原有结构间建立连接（阅读的神经回路）去学习阅读这项新的技能。科学家指出，正因此每一代的每一个儿童都需要重复大量的阅读工作。儿童天生就会辨认声音，而文字是额外的需求，他们需要努力学习才会读懂。而为了获得这项非天赋的技能，儿童需要一个全面的阅读教育环境。因此，应该为孩子提供和营造良好的阅读环境，让他们与书触手可及，在耳濡目染、潜移默化中，慢慢地让他们在那些承载着人类最美好的故事和最美妙的知识的书籍世界里健康快乐地成长。教会孩子阅读，让孩子拥有阅读的能力，他便会通过与书本的对话，拥有积极的人生观；会通过所阅读到的正能量的内容，不断修正自己对人生和世界的态度看法，从而提升自己的综合素养，养成向上的高尚品格。所以，阅读是个体成长的基础，一个人的成长史，从本质上说，就是他的阅读史。

人们在阅读过程中可以获得越来越多的信息，在这样一种认知过程中接受教育，得以获趣、增智、明理、立德、养性、励志。阅读就像与先贤对话、与智者交谈。在阅读时，阅读者透过文字符号来理解和感知事物，也就是对"文字背后的东西"的感悟，从而获得丰富的信息和知识，不断推动人们逐渐认识世界和改造世界。

每个人的精神就是在这样不断阅读的推动下向前发展的。我们要懂历史就必须阅读有关神话和历史材料。例如，通过阅读我国盘古开天、女娲补天、后羿射日、嫦娥奔月、精卫填海、夸父逐日、炎黄二帝的战争与结盟，我们才能真正成为中华民族的文化后裔；通过阅读希腊神话、希伯来神话，通过阅读美洲的发现史，通过阅读南北战争解放黑人的美国历史等等，我们才能了解其他民族的历史，才能让整个人类的文明在更大的生活圈里融为一体。

个体的精神发育历程是整个人类精神发育历程的缩影。每一个个体在精神成长过程中，都要重复祖先经历的过程。这一重复，是要通过阅读来实现的。

人类的历史有很多的精神丰碑，要达到或者超越那些精神高峰，阅读和思考是唯一的途径。只有通过阅读，通过与孔子、孟子等先贤达人的对话，才能达到他们那个时代的精神高度；只有通过阅读，通过和文艺复兴时期的大师们交流，才能达到他们那个时代的思想境界。

人类精神的阶梯就这样随着重复阅读不断延伸。如果没有这样的重复，人类的精神就会退化，就会衰落。没有阅读，我们这一代人的精神境界可能还远不如文艺复兴时代的大师们，甚至还不如更早以前的历史阶段。

  中外许多在历史上有突出贡献的名人、伟人都是通过阅读而取得成功的。例如我国西汉史学家、文学家、思想家司马迁写出了中国历史上第一部纪传体通史——《史记》。这部巨作共130卷，52万余字，记载了上自古代传说中黄帝时代下至汉武帝共3000多年的历史。在历史学和文学上都具有极高的价值，被鲁迅先生誉为"史学之绝唱"。这部巨作的成功问世，与司马迁长期勤奋阅读大量书籍分不开。司马迁10岁开始读古书，学习十分刻苦，不耻下问。公元前108年其父司马谈过世后，司马迁接替做了太史令，这样他可大量收集和阅读历史文献。公元前99年，因武将李陵出击匈奴，兵败投降，汉武帝大怒，司马迁为李辩护而得罪了汉武帝，获罪被捕，判以宫刑。获赦出狱后，他发愤边读书边著书，全力写作《史记》，用了14年，终于完成了全书的撰写和修改工作。可见如果没有他长期勤奋攻读，《史记》巨作绝不可能问世。

  同样，马克思主义创始人，无产阶级的革命导师马克思，在他的革命生涯和学术生涯中，始终与书为伴，好学不辍。马克思获得巨大成功，成为一个时代的思想高峰，是与他勤奋科学合理的读书密不可分的。马克思为写《资本论》阅读研究了1500多种书籍，光笔记就写了100多本，他的笔记本不少是自己制作的。通常的做法是将一叠白纸一折为二，然后居中缝上一道线。在原封面上写明做笔记的时间和地点，编上笔记的序号，有的还加上标题。笔记写得密密麻麻，旁边留出的空白处有用铅笔、钢笔画的各种记号。为了查阅方便，马克思还对许多笔记编制了目录和内容提要，然后放到特定的地方，需要时不用翻找，随手就能抽出来。同时马克思还在书上直接做笔记，《资本论》的出版完全是马克思一生博览群书、学识渊博而精深的结果。

综上所述，不难看出认真阅读是我们认识世界的有效途径和重要方法。阅读可以让阅读者的视野更开阔，加深阅读者思想的深度，促进我们个体的发展，推动事业的成功。毫不夸张地说，阅读是个体精神发展的基础和动力源泉。因此，我们，尤其是青少年都应该努力学习，让读书读出味道，读出实效，读进心里，让书籍真正成为自己精神成长的"能源"。

3. 青少年阅读更显重要

阅读是人类的一项重要活动，是文明传承的重要途径。青少年应通过书海耕耘，培养阅读的兴趣、习惯和能力。全民阅读必须从青少年开始，这是由青少年的特性决定的。

（1）从全局上看，他们是国家和民族的未来

祖国的未来在哪里？在青少年身上。他们经过少年，走过青年，进入社会，就要挑起民族复兴的重担。青少年只有通过读书和实践才可能深刻了解人类的起源和祖国发展的历史，

深刻理解核心价值观的丰富内涵和实践要求，从小树立奋发向上、崇德向善的理想信念，塑造健全的人格，为实现中华民族伟大复兴中国梦而不懈奋斗。

读书活动是青少年思想政治工作的重要途径。应在读书中培育青少年社会主义核心价值观，增强他们的价值判断和道德责任感，培养求真、向善、尚美的高尚品质，使他们成长为国家栋梁。青少年作为民族未来的希望，振兴的重要基石，如果没有从小养成阅读的习惯，或者没有阅读的爱好，可能会有怎样的结果？一是没有文明素养，二是缺乏创造精神，三是无独立思考能力。因此，不爱阅读，不懂阅读的青少年怎么可能有伟大的理想？怎么可能有清晰的人生目标和到位的行动措施？这样的青少年又怎么可能为中华民族的伟大复兴建功立业？

（2）从青少年的特点看，他们可塑性、创新性最强

青少年通过阅读学习，书中先进人物的思想行为可以感染他们、教育他们，使之成为努力向上、有高尚人格的人。同时阅读本身就是知识的积累，通过长期阅读，会有意想不到的收获：

第一，开阔了视野。阅读可使他们获取古今中外的信息，实现"秀才不出门，能知天下事"。

第二，训练了思维。优秀书籍都是具有优秀思维的人写出来的，其中蕴含着严谨的逻辑。青少年在阅读中思考，其思维水平不断改进，解决问题的能力就会不断提高。

第三，丰富了知识。青少年每个学期通过课本学习的知识

量是有限的，如果每个学期再读十本八本的好书，获得的知识量就是十倍八倍，甚至更多。如果青少年的饮食过于单调，其身体成长会出现问题。同样，如果青少年的阅读不够，其知识结构也会有问题。

第四，培养了人文精神。由"野蛮人"走向"文明人"，最重要的路径就是阅读。当一个人真正有了文化，具有良好的人文精神，他就是一个值得信任、值得尊重的人。青少年喜欢阅读，而且有优秀的书可读，比上课外辅导班更有意义。

（3）从青少年发育过程中看，他们要经过智力发展的敏感期和关键期

所谓敏感期是指孩子成长过程中的某段时间范围内，他会对环境中的某一项特质专心，而且不需要特定的理由而对某种行为产生强烈的兴趣，不厌其烦地重复，直到突发出某种新的动机为止。美国著名生理心理学家蒙特梭利认为，敏感期可以归纳为九种：语言（0～6岁）、秩序（2～4岁）、感官（0～6岁）、动作（0～6岁）、社会规范（2.5岁以后）、书写（3～4.5岁）、阅读（4～5岁）、文化（3～10岁）。其中，语言、书写、阅读和文化等敏感期对将来的学习、阅读影响很大。

智力发展的关键期是对人的智力发展至关重要的时期。在这个时期，如果给予适当的环境刺激，某些能力能够得到较好的发展，一旦错过，则不易补救。此后他们对这些知识或

能力的获得就会事倍功半,即使花大量的时间和精力去弥补,收益也很少,甚至根本没有效果。研究表明,人的智力发展速度是不均衡的,有时快,有时慢。心理学家宾特纳曾提出一个假设:智力增加的速度是逐年减缓的,从出生到 5 岁,智力增长最快,从 5 岁到 10 岁,智力增长仍旧是固定的,并容易测量,再过 5 年,增长就逐渐减缓。宾特纳的这一假设得到很多科学家的支持。

儿童的智力发展,遗传是自然前提,环境和教育是决定条件,其中教育起着主导作用。抓住儿童各种能力发展的关键期,施行早期教育,为儿童智力发展创造更为优越的客观条件,儿童的智力潜能就会得到更大的发挥。超常儿童虽然有比较好的先天素质,但如果不在关键期给予适当的教育,他们将永远达不到原来应该达到的水平。而在关键期内施行教育可以有很多种方式,父母应该根据孩子的性格和爱好,选择合适的方法,并注意不断尝试新的方法。培养良好的阅读习惯也是一门科学。遵循科学规律,正确利用敏感期和关键期,对青少年培养阅读兴趣、习惯和能力尤为重要。

三、重要的促进举措

把全民阅读,尤其是青少年的阅读提升到国家战略地位,作为战略任务来抓,决不能只凭口头上喊,或靠媒体上讲,而是要扎扎实实地从国家层面上采取强有力的措施,以促进全民阅读，尤其是青少年的书海耕耘的深入开展。

根据党的十八大、十九大精神，国务院的部署，以及最近几年在全国两会上，多位政协委员的提案内容，笔者认为要把全民阅读提升到国家战略层面，必须采取以下强有力的重要举措：

1. 成立全民阅读指导委员会

该机构应由国家领导人担任主任，成为全国指导全民阅读工作的领导机构。其基本职能是制定规划，全面部署全民阅读工作，定期推荐全民阅读活动书目，可根据不同年龄段和群体分类分层推荐，以期获得更好的效果；制定和适时调整并完善全民阅读政策，以使全民阅读活动稳步、健康、持续和卓有成效地开展下去；策划全国性的读书活动；定期发布全国读书指数；开展学习型城市的创建和评选活动等。

委员会下设办公室，可放在党中央宣传部或国家新闻出版广电总局之下，负责处理国家全民阅读的日常工作。主要任务是按照国家全民阅读指导委员会（简称全民阅读委）的工作部署做好组织协调、督促落实工作。

各省、市、自治区也要根据国家全民阅读的要求，成立各省地市的全民阅读指导委员会和办公室，并按国家全民阅读委的计划和要求做好本地区全民阅读的指导工作。

2. 设立国家阅读节

1995年,联合国教科文组织为鼓励人们积极读书,以每年4月23日(西班牙作家塞万提斯和英国作家莎士比亚的辞世纪念日)为"世界读书日"。已有超过100个国家和地区参加此项活动。我们可以参照这一做法,建议把每年9月28日设定为国家阅读节。设立国家阅读节就是把日常生活中的阅读提升为一种仪式,是一种最简便有效的扩大对阅读的宣传、加强影响力、提高重要性的做法,让国家阅读节成为中国人的精神春节。

把每年9月28日定为国家阅读节有重大意义,这是因为9月28日是我国古代著名的教育家、思想家孔子的诞辰日。孔子作为在世界文化史上影响最大的中国古代圣贤,以他的诞辰日为国家阅读节,既有纪念意义,又能得到全国人民广泛认同,也有利于扩大中国文化在全世界范围内的弘扬与发展,提升我国文化软实力。同时,每年9月,正是大、中、小学秋季开学期,是教育新周期的开端,此时以阅读节倡导读书,是非常好的时机。另外,9月下旬这一时间段距离"十一黄金周"很近,这也便于开展形式多样的阅读推广活动。

尽管我们已有多种形式的地方性读书节、读书月等活动,但是这些活动都是区域性、零散的,而且由于时间、标准不统一,其社会影响力和实际效果也较弱。设立国家阅读节,将最大可能地使全社会和个人更加深入地认识到阅读的重要性和紧迫性，有效推动全民阅读活动的开展。中央和有关部门可以通过制定《国家阅读指导大纲》《阅读社会指标体系》等，加大对阅读活动的投入力度，同时直接负责、指导、组织、参与国家阅读节或其他相关阅读活动，利用自身的影响力倡导阅读，在全社会形成崇尚阅读的风尚。

3. 制订全民阅读规划

国家新闻出版广电总局为深入贯彻落实党中央、国务院关于开展全民阅读的重要部署，根据《中共中央关于制定经济和社会发展第十三个五年规划的建议》《中华人民共和国国民经济和社会发展第十三个五年规划纲要》《国家"十三五"时期文化改革发展规划纲要》进行编制，并于2016年12月27日公布了《全民阅读"十三五"时期发展规划》（以下简称《规划》）。这对推动全民阅读起了很大作用。据了解，这个《规划》是由总局组织相关专家历时3年多编制而成的。根据10年来全国各地各部门开展全民阅读活动的好经验好做法，《规划》提炼出了"政府主导，社会参与；重在内容，提升质量；少儿优先，保障重点；公益普惠，深入基层"的基本原则，科学遵循了全民阅读工作的规律和属性。

《规划》提出了9项重要任务，即举办重大全民阅读活动，加强优质阅读内容供给，推动全民阅读深入基层、深入群众，大力促进少年儿童阅读，保障困难群体、特殊群体的基本阅读需求，完善全民阅读基础设施和服务体系，提高数字化阅读的质量和水平，组织引导社会和各方力量共同参与，加强全民阅读宣传推广。

《规划》还根据这9个方面的主要任务分别列出了9个专栏，确定了20余个全民阅读重点工程和项目，通过这些能够落到实地的重点工程和项目，带动各地各部门再实施一大批子工程、子项目，进而有力带动全民阅读的各项重点工作。

4. 实施全民阅读立法

建议由全国人大制定《全民阅读法》、国务院制定《全民阅读条例》，以法律法规形式推动全民阅读工作纳入法制化轨道。2013年国家新闻出版广电总局草拟了《全民阅读促进条例》（下称《条例》）。从2006年开始推动全民阅读立法。起初人们对此有着不同的看法，有的认为阅读属于个体行为，不必用强制、统一化的规定，阅读更多是教育和引导的问题，而不是规定，法律太硬。经过多年宣传、讨论和实践，人们提高了认识，消除了误解，现在基本上趋于一致，从而为立法打牢思想基础。

（1）阅读立法是为了让公民享有基本阅读权利

立法主要是规范和保障政府的行为，立法将推动政府加大对全民阅读的投入、保障力度，创造良好的阅读环境和氛围，而不会对公民起着某种强制作用。

（2）立法有利于解决全民阅读活动中出现的困难和问题

10多年来，随着全民阅读活动的深入开展，其中一些问题也随之出现，如阅读公共资源和设施不足、发展不平衡，以及如何可持续发展等问题。而这些问题都必须通过立法而获得解决。

（3）受到西方发达国家全民阅读立法的启示

目前已有许多发达国家，如美、英、法、韩、日等国，在20世纪90年代之后对全民阅读实施了立法，结果在保障阅读资金、设施和提高民众阅读兴趣和能力等方面都取得很好成绩，有力保证了国民阅读的可持续发展。

5. 开展丰富多彩的读书活动

开展读书活动是推动全民阅读的重要抓手。除了利用每年4月23日"世界读书日"和全国妇联在1993年发起组织的"全国青少年爱国主义读书教育活动"外，要大力打造全民阅读品牌的"书香社会"系列活动。目前已有"书香中国北京阅读季""书香江苏""书香荆楚、文化湖北""书香岭南""书香湖南""书香八闽"等活动，这些活动都获得良好效果。我们应努力发扬、巩固和发展这一成果。

在广泛开展全民阅读活动时，要注意处理好三个关系：一是形式与内容的关系，即内容要丰富，形式要多样，决不能搞形式化，要在内容效果上下功夫。二是广泛与重点的关系，即在参与的对象上既着眼于全民的广泛性，又要突出青少年这个重点，通过广大学校、单位和社区的家长与孩子、老师与学生的共读，把青少年的家长和老师两大群体充分调动起来，从而推进全民阅读的发展。三是阅读的量与质的关系，不仅有阅读量上的要求，更要在多中求精，不断增强全民尤其青少年的阅读品味，将兴趣培养成良好的习惯，使之终身受益。

6. 开展多种形式的评比活动

评比是推动全民阅读的有力杠杆，通过评比可以促进全民阅读的发展。评选方式可分为个人和单位。个人评优标准不仅要看阅读的数量，还要重视质量，而且要考察阅读者学用结合、德智相长所取得的成果；单位评优，既要考查单位阅读的成绩，还必须考查其组织能力、先进带后进、帮助解决困难群体的情况。奖项可以多样化，可以在开展学习型创建活动方面，评选全国（或全省）阅读十佳城市。在同一个城市内，也可以评选书香家庭、书香社区、书香学校和企业。可以从学校开始，然后横向推进到机关、企事业单位，纵向推向城市。先进奖项可以是单位级、省市级和国家级的。评选的内容也可以丰富多彩，不一定限制在读书上，还可以是演讲比赛、论文竞赛，甚至可以从学习实践的效果上评出标兵、模范人物等。同时在评比活动中还可以增添城市带农村的内容和要求。

7. 大力加强书店、图书馆建设

书店、图书馆是开展全民读书活动的基础，在推进阅读活动中发挥着重要作用，所以一定要加强建设。

（1）要改变观念

过去书店单纯为了卖书，图书馆只是直接为读者提供借书、读书的场所，这样的功能是不够的，应该像西方先进国家那样，书店、图书馆提供优秀书目，宣传和指导大众阅读工作，充分发挥其在推进全民阅读中的重要作用。书店、图书馆大多坐落在城市的中心区，人流大，应改变观念，对其功能进行重新定位，促使它们成为以读书为主的区域性文化活动中心。

（2）加强基础设施建设

书店和图书馆要实行合理布局。要制定学习型学校、社区和城镇的图书馆建设标准，对图书馆的建筑面积、环境设施、图书数量、服务质量等做出相应的规定。同时，倡导和鼓励各级各类教育、文化部门以及社会公益组织，特别是经济发达地区，积极扶持和帮助经济不发达的农村地区建设图书馆、图书室等公共读书场所。目前，很多县的图书馆新书很少，利用率极低。应该实行图书馆达标制度，是否达标应由独立的评审机构确定。

（3）要重视图书的推介和阅读指导工作

这是极为重要的知识工程。书店和图书馆要做好优秀图书的推介工作，有目的地指导阅读，要尽快组织力量研制适合各领域人群的基础阅读推荐书目，最终形成基础阅读书目。通过这些书目让全体国民尽快了解优秀书籍的出版信息。同时，要注意推介工作的多样性（运用多种媒体）、层次性（不同读者群）、艺术性（吸引读者眼球），从而激发读者阅读的愿望与激情。要推进独立书评人制度，在全国主要媒体开设阅读的频道与栏目，由独立的专家委员会向全社会推荐优秀书目，从而使广大群众逐步做到多读书、读好书、善读书。

8. 设立国家阅读基金

2006年有关部门连续推进全民阅读工程以来，全民阅读活动取得重要进展，但资金方面存在着巨大困难，如不解决就会影响全民阅读工程的落实。因此，设立国家阅读基金就显得更为紧迫。只有通过成立国家阅读基金，统筹各级政府加大财政投入，鼓励社会资金参与，才能为全民阅读工程实施提供强有力的资金保障。

基金的用途主要在于开展全民阅读活动、推动儿童与青少年阅读、满足弱势群体阅读需求，以及开展全民阅读的研究和指导工作。应设立基金管理机构，可由财政部、新闻出版署、文化和旅游部、中央文明办等部门联合组建，成立国家阅读基金管理委员会，负责管理工作。其日常工作可由国家阅读基金管理委员会办公室具体实施。基金使用情况要定期向社会公布,接受社会各界的监督,以保证基金使用合理。

9. 成立全民阅读研究机构

全民阅读不仅涉及语言学,也涉及生理学、心理学、伦理学等,开展全民阅读不能靠拍脑袋来决定读者的书目、开展怎样的活动,而要进行理论和实际相结合的研究工作。

通过成立全民阅读研究院(所),充分发挥全国有关研究所(室)、院校以及民间学会的研究力量,形成强大合力,对有关全民阅读的重大问题有目的、有计划地进行课题研究。全民阅读是崭新的系统工程,需要研究的内容很多,当前急需研究的有:全民阅读的现状与对策,阅读的功能与作用,家校社在阅读上的合力,欠发达地区阅读活动的做法,特殊弱势群体阅读如何开展,如何以城市带动农村等等。研究工作要先急后缓、先易后难、由小到大逐步展开,使之扎实有效地开展起来。在正确理论指导下,全民阅读一定会富有成效。

10. 领导带头树榜样

要推进全民阅读工程,让青少年在书海中耕耘,关键在于各级领导带头倡导和推动。近年来全民阅读有较大的发展,初步形成了全民阅读的协调机制和长效机制,阅读的规模和影响越来越大,活动越来越丰富多样,在推进青少年、农民、残疾人群阅读方面都取得重要进展,阅读的效果也越来越明显。所有这些都与各级领导的推动有着紧密的关联。

在中央党校 2009 年春季学期第二批进修班暨专题研讨班的开学典礼上，习近平曾指出，各级领导干部一定要深刻认识现代领导活动与读书学习的密切关系，深刻认识领导干部的读书学习水平在很大程度上决定着工作水平和领导水平，真正把读书学习当成一种生活态度、一种工作责任、一种精神追求，自觉养成读书学习的习惯，真正使读书学习成为工作、生活的重要组成部分。习近平还经常运用自己的阅读体会，来告诉大家要多读书，读好书，善读书。2014 年，习近平曾在采访中说："我个人爱好阅读、看电影、旅游、散步。你知道，承担我这样的工作，基本上没有自己的时间。今年春节期间，中国有一首歌，叫《时间都去哪儿了》。对我来说，问题在于我个人的时间都去哪儿了？当然是都被工作占去了。现在，我经常能做到的是读书，读书已成了我的一种生活方式。"习近平提出，读书可以让人保持思想活力，让人得到智慧启发，让人滋养浩然之气。

李克强从小爱好读书，在北大学习时，几乎所有课外时间都用在读书上。没课时，他总是一大清早就背着包去图书馆，除了午晚饭，一直要等到闭馆才离开。在日常生活里，常年来一直保持着阅读习惯。2013 年访问瑞士时，他回答一名大学生询问时曾说，无论工作多忙，都要抽出时间读书。如果不读书，就难以有思想火花闪烁，也难以了解人类文明进程。他除身体力行外，还推动全民阅读工作。2014 年他在政府工作报告中，提出要全民阅读。他强调，书籍和阅读是人类文明传承的主要载体，希望全民阅读能够形成一种氛围，无处不在。

  各级党政领导，都应该像习近平、李克强那样，重视阅读，身体力行，不断推动全民阅读工作，只有这样，我国全民阅读工作才能不断深入，取得良好的成果。

第二章

知识就是力量

要想让青少年在书海耕耘中茁壮成长，就必须先让他们懂得什么是知识、知识的作用，了解知识的重要性，以提高好好读书的自觉性。

众所周知，世上最可怕的不是缺钱，而是无知。缺钱可以努力去赚，无知就会闹出笑话，甚至出错，导致事业的失败。下面讲个无知国王的故事。从前有位国王外出游览时，发现人们辛苦地在大地里播种，到了秋天就会收获许许多多的粮食。于是他突然冒出来一个想法：要是自己把金钱种到土地里，那么到了丰收的季节，一定也能收获许许多多的金钱，那么自己就是这个世界上最有钱的国王了。国王高兴地回到王宫，在自己的花园里种起了金子。一位大臣见到国王的举动便问国王说："我尊敬的陛下，您在做什么？"国王说："我在种金子，这样到了秋天我就能收获无数的金子，我会成为最有钱的国王。"

大臣听了哈哈大笑起来,国王好奇地问:"你笑什么?"大臣说:"我要笑您的无知,土地里是不会长出金子的。""读书人不是经常说遍地黄金、黄土变金,这难道会有错吗?而且为什么土地里只会长粮食不长金子呢?"国王好奇地问。大臣说:"因为种子是有生命的,而金钱是没有生命的,如果土地可以种出黄金,那为什么您的子民还要种粮食呢?"国王羞愧地低下了头!国王想成为全世界最富有的人,看到农民辛苦地播种能收获粮食,以为自己种金子也能收获金子,这种无知十分可笑,如果国王按无知的想法去决策、治理国家,必定到处碰壁,最后逃不出亡国的命运。这个反面例子也生动地告诉人们,知识的极端重要性和书海耕耘的重大意义。那么知识为什么重要呢?

一、知识的内涵

1. 知识的含义

对于什么是知识,学术界至今还没有统一而明确的界定。但一般是指符合文明方向的,是人类对物质世界以及精神世界探索的结果总和。古希腊伟大的哲学家柏拉图(公元前427—公元前347)认为凡符合三个条件,即被验证过的、正确的而且被人们相信的就可以称为知识。简单地说,知识是人类在实践中认识世界(包括物质世界和精神世界)的成果,它包括对事实、信息的描述或在教育和实践中获得的技能。

"知识"的"知",从矢到口,矢亦声,"矢"指射箭,"口"指说话。"矢"与"口"结合起来表示说话像射箭,或说对话像箭中靶心。本义即说得很准(一语中的)。"不知"或"未知"就是指话没有说准,就好像射箭没有击中靶心。箭有没有射准,可以由报靶员证实;话有没有说准,可以由公众检验。例如,18世纪英国天文学家哈雷声称他知道彗星的行为规律,并预报这颗彗星于1759年重新出现。后来在1759年,人们果然又一次看到这颗彗星。哈雷说得很准,这就是"知"。

"知识"的"识",繁体写作"識",从言从戠,戠亦声。"戠",从音从戈,《说文解字》称此字的本义因师承中断而阙如,其实我们如今还是可以了解其本义的。"戠"字从音从戈,本指古代军队的方阵操练。"音"指教官口令声(包括号令军阵进退的鼓声、军人喊杀声),"戈"指参加操演军人的武器。随着教官指令,军阵会出现整体前进或后退、左移或右移、横排队列依次前进、一起向左挥戈、一起向右挥戈等整齐划一的团体动作。在检阅台上往下看军阵操练,就好像我们在体育场看台上观看团体操表演,会看到参演人员整齐划一的动作所形成的各种图形。因此,"戠"字本义就是"规则图形及其变换"。凡从"戠"之字皆此义。例如,"織"就是在布匹制造过程中加入图案,使其成花布。又如,"幟"就是在旗布的制造过程中加入本国的图案,作为本国标志,如中国国旗有五星图案,美国国旗有星条图案,英国国旗有米字形图案等。再如,"職"就是团体操参演人员，任务就是接受指令，然后做出要求的动作。参演人员都这样做的结果，就是团体操变换出各种图形。综上所述，我们在此给出"识（識）"的本义、引申义。本义即用语言描述图案的形状和细节。引申义有区别、辨别等。"识字"就是根据字的形状、结构、笔画认字。

2. 知识的类型

由于知识内容极为丰富，从不同的角度观察就有不同的分类方法。但在知识分类史上，十大分类方式比较具有代表性，这十大分类法主要是：

①按照知识的效果分类。受知识经济发展的影响，为突出知识的实际效用和价值，管理者常常把知识分为五类，即分显性知识和隐性知识、内部知识和外部知识、个人知识和组织知识、实体知识和过程知识、核心知识和非核心知识。

②按研究对象分类。比如，以自然界为研究对象的知识成果就是自然科学，以人类社会为研究对象的知识成果就属于社会科学。

③按知识的属性分类。在现代教育中，人们常把知识分为四类：事实性的（专有名词）、概念性的（理论）、程序性的（技能、方法）、元认知性的（策略、任务）等。

④按照知识形态分类。有主观形态（意识）和客观形态（理论、论证）。

⑤按事物运动形式分类。如我国古代的水、火、木、金、土等五种形态，西方把世间的各种运动概括为机械的、物理的、化学的、生物的和社会的等五种形态。

⑥按照思维特征分类。譬如德国哲学家黑格尔从绝对精神演化出发，把学科分为逻辑学、自然科学和精神哲学三大类。

⑦按自然现象和社会现象分类。如法国的空想社会主义者，把所看到的现象分为天文、物理、化学、生理等四大知识。

⑧按知识研究方法分类。如近代以来影响较大的有数学法、逻辑法、历史学法、实地研究法和实验法等。

⑨按照知识的内在联系分类。如有人主张把人类知识划分为自然科学、技术与工程科学、社会与人文科学三大类。

⑩按照学科发展趋势分类。如我国著名科学家钱学森十分重视建立统一的知识体系，把现代科学体系分为九大类，即自然科学、社会科学、数学、系统科学、思维科学、人体科学、文学艺术、军事科学和行为科学。而哲学既是这些知识部类的认识基础，也是贯穿于它们之间的桥梁和纽带，是这些科学的总结。

在现实生活中，我们接触较多的有三种分类：一是从形态上分为初级形态（经验知识）和高级形态（系统的科学理论）；二是按获取的方式可区分为直接知识（自身实践得来的知识）和间接知识（别人的实践经验知识，如书本知识）；三是按其内容可把知识分为自然科学知识、社会科学知识和思维科学知识。

综上所述，知识分类总是随着人类对知识认识的发展变化而发展变化。每次对知识的重新分类，都是一次对知识进行重新审视、重新评价、重新挖掘其潜在价值和对知识开展再认识的过程。

3. 知识的作用

作为人类实践成果的知识，具有无限的广泛性，因此人们很难从总体上概括出它的作用。一般情况下，往往采取两种形式，论述它的作用和功能。

（1）比喻法，用实例加以说明

第一，从总体上笼统交代。例如，人们认为知识能使人获得财富；知识可使人变得聪明；知识能使人变得高尚；知识能使人的生活充满阳光；知识能使人获得强大力量，冲破重重困境，最终走向成功的大门；知识能使一个民族变得优秀，变得强大起来；知识能使一个国家变得繁荣昌盛。

古往今来，人们对知识尤其重视，因为它可以给人指明正确的道路，给人带来幸福。"知识就是力量"这句千古名言，一直被人们传诵着。

第二，以实际行动证明。苏格拉底是古希腊的大哲学家，一天，有位青年来拜访他："先生，我很崇拜学识渊博的您！

我也想多掌握些学识，请问我怎样才能学到更多的知识呢？"

苏格拉底说："这没什么，只要你努力学习就是了。"

"可是我总是学不下去。"

"那是你还不知道知识的重要性。"

"那么怎样才能知道知识的重要性呢？"

"如果你真想知道知识的重要性，请跟我来！"

苏格拉底把青年带到海边和他一起下了水，走到很深的地方时，苏格拉底一下子把他的头按到水里，过了一会儿他放开青年问道："你在水里感到最需要的是什么？"

"空气，最需要的是空气！"

苏格拉底笑着说："你说的很对，如果你明白了需要知识和在水中需要空气是同样重要，那你就可以坚持学习，得到知识了。"

青年有所悟，深深地向苏格拉底鞠躬致谢。从此，饥似渴地学习，日后终于学有所成。

第三，以调查数据论证。据说，在摩托罗拉公司，每花1美元在学习知识上，就可以连续3年每年提高10美元的生产力；假日旅馆的一些职工通过培训学习知识，使顾客的投诉率由月均两三百次降为两三次，同时营业收入大幅提高。用学习知识来增加财富已被企业和商界公认为当今和未来的"赢的策略"。

第四，以形象比喻说明。如俄国大文豪高尔基曾说过，"我扑在书上，就像饥饿的人扑在面包上"。英国哲学家弗朗西斯·培根曾说，除了知识和学问之外，世上没有任何其他力量能在人的精神和心灵中，在人的思想、想象、见解和信仰中建立起统治和权威。

（2）运用归类法，把同类知识集中在一起加以论述

第一，理论知识是指明方向的灯塔，树立科学的世界观和方法论是走好人生之路的根本。

第二，道德知识是精神修养的食粮。人的一生只有通过学习，才能品味人生真谛，保持道德操守，做到不义之财不取，非分之想不贪，重品行、有节操、守信用。很多事例也证明，修养高的人、懂得人生的人，是能够抵制外界种种诱惑的人，也是十分注重学习的人。

第三，文化知识是解惑明理的钥匙。文化知识的多少对一个人的成长至关重要，只有学好文化知识，才能懂得更多的道理，才能走向成功。

第四，业务知识是建功立业的武器。科技发展日新月异，新知识、新信息迅猛增加，人们所要学的东西非常多，掌握更多的业务知识和技能，提高适应能力，才能更好地完成自己所担负的各项工作。

第五，生活知识是延年益寿的良药。如今有不少老年人以为服用各种营养品就能强身壮体，结果却上当受骗。要想延年益寿必须在饮食、睡眠、心情和生活习惯上多加注意，这方面的知识有很多，应当好好学习。只要我们坚持适量运动、合理膳食、保

持心态平衡，戒除不良嗜好，就能达到延年益寿的目的。

4. 知识是一把双刃剑

从本质上讲，知识没有好坏之分，既可造福于人，也可害人。当知识被坏人、恶人掌握时，就可能损害乃至毁灭人类。例如，德国著名化学家弗里茨·哈伯曾获得过诺贝尔化学奖，但在第一次世界大战期间，为了让德国获胜，他竟然将自己的科学知识用于毒气研究。为了达到目的，他达到了狂热的地步，他妻子哀求他放弃这一丧心病狂的研究，甚至以自杀的方式表示抗议，但还是无法改变他的顽固。即使在德国败局已定的情况下，他还抱着通过化学武器来赢得战争胜利的"宏伟"设想。

与此相反，有些知名人士，如法国作家罗曼·罗兰，发表了反战宣言，反对这种非正义的战争。罗曼·罗兰后来被誉为"欧洲的良心"，受人称赞。

事实说明，我们必须对人类保持终极关怀。21世纪最伟大的科学家爱因斯坦有句名言："保护人类的整体目标必须高于一切目标。"只有用关怀人类的智慧来驾驭知识，这样的知识才有用，人类也才有可能幸免于难。

二、实现转化是核心

"知识就是力量"是一句经典名言，是由英国著名哲学家培根明确提出来的，它的真理性和重大作用已为无数历史事实所证明，并将在人类征服自然、改造世界的伟大斗争中，继续放射出更加耀眼的光芒。

1. 命题的提出

在人类文化史上，关于"知识就是力量"的思想，由来已久。我国朴素唯物主义者王充（27—约97）在《论衡·效力》中提出"知为力"，即含有知识就是力量的思想。他说："人有知学，则有力矣。"他认为，人生莫不有力，而"力"可分为两大类：一为筋骨之力即体力，诸如壮士"举重拔坚"之力，农夫"垦草殖谷"之力，工匠"构架斫削"之力，士卒"勇猛攻战"之力等等；一为仁义之力即知力，诸如儒生"博达疏通"之力。

在王充看来，是否具有"识知"是区别人与动物的根本标志。他说："倮虫三百，人为之长。天地之性，人为贵，贵其识知也。"（《论衡·别通》）如果没有"识知"，则人"与三百倮虫何以异"？具体说明了"知是力"的道理。并且他认为筋骨之力不如仁义之力。相比之下，知力比体力更为重要。

这一思想的提出在当时可谓是个伟大的创举，即使在进入知识经济时代的当今，仍然具有现实的价值。王充此一首创，比培根早了1500多年，但是由于当时时代的局限，这一伟大思想没有得到进一步宣传和发挥。历史发展到近代，英国哲学家培根明确提出"知识就是力量"。任何理论观点的提出，都不是偶然的，而是由一定的社会历史条件决定的。培根提出"知识就是力量"的光辉思想，则是当时时代的产物。

培根（1561—1626），是英国16、17世纪之交的哲学家，经验主义哲学的奠基人。在他生活的那个时代，英国资本主义生产已有很大发展，新兴资产阶级开始形成，并有了相当强大的经济力量，但它没有政治权力，经济利益也受到封建关系的种种限制。封建专制和神学、经院哲学占据统治地位，蒙昧主义紧箍着人们的头脑，科学文化落后，严重地阻碍资本主义进一步发展和资产阶级力量的壮大。对此，新兴资产阶级极为不满，迫切要求改变这种状况。培根顺应这一时代的要求，提倡理性精神。培根曾说，"人的知识和人的力量是合于一体的"，后人概括为"知识就是力量"。

培根提出"知识就是力量"对于从古代哲学到近代哲学过渡，对打击封建势力，使科学摆脱神学的束缚，以及人们自我觉醒和解放都起到重大作用。在科学技术突飞猛进和人的主体性日益发展的今天，重新审视和思考这一伟大命题，仍有重大意义。

（1）推动经济和科技的发展

培根对知识的功能和作用给予很高的肯定。他认为，知识不仅是促进国家强大、实现人性自我完善的动力，更重要的是，知识是认知和驾驭自然的力量。在他看来，即使在古代，科学技术发明的意义也远在君主的文治武功之上,人们把发明家尊为神明,而对建邦立国者、立法者、推翻暴君者等只不过给予英雄或半神的称号。这恰好反映了古人的明智,因为君主的功业往往只有一时一地的功效,而科技知识可以超越时空永久造福于人类。在今天如果对知识和科技没有足够的认知,就寸步难行。因为你无论做什么事情都离不开知识。正是由于人类对知识的探索和运用,才发现了大自然无限的奥秘。例如我们研究基因科学,可以克服遗传障碍,掌握基因工程信息。现实生活告诉我们,建设祖国需要知识,管理国家需要知识,创造美好生活需要知识。没有科学知识的人难以立足现代社会,不重视科学知识的国家难以摆脱落后挨打的命运。因此,我们要高度重视科技知识的学习。

(2)冲击了宗教神学

在欧洲中世纪,宗教神学占统治地位,贬低人的价值,宣扬自然界和人都是上帝有意识地创造安排的。培根提出"知识就是力量",打破了中世纪神学对人们思想的束缚,体现了近代的理性精神。他深信,人类统治世界的力量深藏在知识之中,而不是宗教所宣扬的那样在于上帝。真正的知识是探究原因得到的知识,知识来源于对事物及其发展规律的研究、发现和解释,人们通过后天的努力可以掌握,不需要受到上帝的控制。这就否定了宗教,肯定了人在历史和自身发展过程中的决定作用,使人类能够更加清醒地看到自身所蕴藏的巨大能量,从而不因对宗教在情感上的痴迷而丧失独立判断的能力,"在思想上得到真理,在行动上得到自由",走向更加理智的发展道路。

(3)促进了思想解放

培根认为,知识就是力量,人要认识自然,获取知识,就要破除心智方面的种种障碍。培根十分重视科学精神,他认为,人的精神、思想不能同一面光洁的镜子相比,光洁的镜面上的光线能按其真实的入射角反射,而心智像受到蛊惑的镜子,如不解除其魔障,恢复其原状,则充满迷信和欺诈。所以他强调要引导人们重视知识的作用。他指出,野蛮和文明的分界是以对知识的掌握、运用为标志的,因此,人们要以知识作为行为的指导。这对人的精神解放有重要影响。

2. 科学的理解

长期以来,"知识就是力量"已成为人们的口头禅,已成为人们鞭策自己努力向上的座右铭,已成为人们推广教育的最强有力的武器。可是,人们在肯定"知识就是力量"的重大意义和作用的同时,也提出一些疑议。因此,对这一命题必须有正确的科学的理解。

(1)不能简单等同

从本质上说,不能在知识与力量之间画等号。因为知识是被动的,无法自己实现其价值。例如,记在本子上的知识是回忆,不是力量。记在本子上的知识就像外出旅游时拍回来的照片,有可能被你随意丢弃,或被你尘封在相册里不见天日,若干年后它只是你曾经游览的见证和回忆。拷贝在优盘里的知识是数据,不是力量。无数次,当我们遇到喜欢或者认为对自己很有用的课件、视频、文章等便把它拷贝在优盘里期望日后再看,殊不知此后再也没用过。摆在书架上的知识是造型,不是力量。多少成功人士办公室的书架上摆的书满满当当,那只是一种摆设和造型。上述充分说明知识本身不是力量,只能说是一种潜在力量。

(2) 把知识与力量简单地等同,会产生许多弊病

在现实生活中那种只重知识轻能力、重书本轻实际、重理论轻实践就是这种弊端的体现。有人认为,我国应试教育制度就深受这种弊病毒害。正是由于这种"等同论"的影响,误以为只要学生把知识背得滚瓜烂熟,牢记于大脑之中,并在考试中能拈取自如,取得高分,考上著名高等院校,那么教育就达到目的了。致力于向学生灌输知识(前人所积累下来的知识)的填鸭式教育方式由此而生。在这种填鸭式教育过程中,人们完全忘记了教育的真正目的是使所培养的品德优秀的学生掌握如何使用以及进一步发展知识的能力。

(3) 知识变为力量需要转化

所谓"转化"是指从书本上或电子媒介上学到的知识,必须经过头脑加工厂的加工,把各种知识结合起来,找出其中规

律性，使感性知识升华为理论，然后与实践相结合，把知识转化为能力。最后，以理论为指导，以能力为桥梁，将知识运用于实践就会产生强大的力量。这一过程就是知识内化为能力，再和实践结合外化为改造世界的物质力量的过程。这种转化也就是我们所说的从理论到实践，知行相结合的过程。

3. 知识转化为力量要有条件

从知识到力量需经一个复杂的转化过程，而要实现这个过程，是有条件的。那么，这种转化需要哪些条件呢？有的专家认为，最主要需要三个方面的条件：

（1）通过学习掌握丰富的知识，为转化打基础

知识是转化的起点，是基础，如果不学习，不掌握丰富的基本知识，一切都免谈，转化就成为无根之木，无源之水。即使有天资聪明的脑袋，也无济于事。如北宋政治家、文学家王安石所写的方仲永就是一个典型。方仲永是金溪人，世代以种田为业，他从小天赋很高，5岁时就能作诗，有次他父亲从邻居家借来书写工具，他当即写了四句诗。这首诗以赡养父母、团结同宗族的人为内容，写好后还传送给全乡的秀才观赏。从此有人指定事物叫他写诗，他能立刻完成，诗的文采和道理都有值得欣赏的地方。同乡的人对他感到惊奇，渐渐地请他的父亲去做客，还有人用钱财和礼物来求方仲永写诗。他的父亲认为这有利可图，每天牵着方仲永四处拜访同乡的人，不让他

学习。王安石说,他曾在舅舅家见到方仲永,那时方仲永已经十二三岁了,叫他写诗,已经不如传说的那么好了。再过了七年,王安石又到舅舅家,问起方仲永的情况,舅舅说:"他的才能完全消失,跟普通人一样了。"王安石感慨地说,仲永从小通达聪慧,有天赋,他的天资比一般有才能的人高多了。最后成为普通人,是因为他后天没有学习。像他那样先天禀赋如此之好的人,由于没有受到后天的教育,尚且成为平凡人,那么,那些没有先天禀赋的平凡人,又不接受后天的教育,只怕连成为平凡人都不能够。方仲永的故事说明了通过学习掌握丰富知识的重要性。许多人都希望自己成为所谓的天才,以为这样就可以不努力学习了。但一个人要想成为有用的人,天资是重要,但自己的努力和后天的教育更是必不可少的。由此可见,通过学习掌握丰富的知识,是人们取得成功的必备条件。

(2)对知识要融会贯通

所谓融会贯通就是在掌握丰富知识的基础上,通过大脑加工,找出知识各个要素的内在联系,将知识内化为人的素质和能力。读死书,只记住条条框框,到处夸夸其谈,这样的人,一到实践中,势必遭到失败。历史上赵括"纸上谈兵"就是惨痛教训!战国时期,赵国名将赵奢为赵国屡建战功,他儿子赵括,从小确实读了不少兵书,谈起用兵之道简直滔滔不绝,连他爸爸都不如他。所以,赵括自以为是了不起的军事家,他傲慢地认为自己在军事上已经是天下无敌了。但是赵奢却不这么认为,他不但从未赞扬过儿子,反而常常忧虑地说:"日后赵国不让赵括带兵便罢,如果让他带兵交战,必败无疑。"过了几年,秦国对赵国大举进攻,赵国派了年龄很大的将军廉颇率军迎敌。一开始,赵军连连失利。在这样的情况下,廉颇改变战略方针,他下令让军队坚守城池,以逸待劳,不要主动出击,保存实力守住阵地从而拖垮秦军。结果秦军由于远道而来,经不住廉颇的拖延,粮草渐渐接济不上,快要支撑不下去了,秦军十分恐慌。为解困局,秦军施展计谋,派人悄悄潜入赵国散布流言:"秦军谁都不怕,就怕赵括担任大将。"赵王正在为廉颇在军事上毫无进展而闷闷不乐,听到外面流传的那些说法,便撤掉廉颇,要派赵括为大将军来统帅军队。赵括的母亲记住丈夫生前的嘱咐,再三向赵王说明情况,极力劝告赵王收回决定,可是赵王哪里听得进去,还是任命赵括担任大将军来取代廉颇。赵括一到前线,便开始胡乱指挥。他完全改变了廉颇的策略,大量撤换将官,一时间弄得人心惶惶军心涣散。赵军这些情况,自然正中秦军下怀。一天深夜,秦军派一支队伍偷袭赵营,刚一交战,便佯装败走。同时,秦军又派兵乘机切断了赵军的粮草运输。赵括不知实情,还以为秦军真的败逃。他得意地想,取胜即在眼前,这正是表现自己的时候。于是他命令部队紧紧追击。结果,赵军追了一段后即被秦军伏兵拦腰截断,首尾不能相顾。然后,秦军一齐杀出,将赵军各个击破,团团围住。赵括一筹莫展,满肚子的兵法也不知如何施展。最终赵括被杀,40万赵军全军覆没。从此以后赵国就一蹶不振。

(3)通过知行合一,把知识运用于实践

知行合一就是把知识、能力与实践相结合。在这里实践是关键,是"转化"最重要的条件。如果没有实践,人的素质和能力都是空中楼阁,知识转化为力量就无法实现。古今中外,无数事实无不证明了这点。

我国三国时期著名的军事家、政治家诸葛亮,他一生博览群书,上知天文,下知地理,从《出师表》中可看出他那种"奖率三军,北定中原,兴复汉室"的霸气,从空城计中可以看出他的机智聪慧。正因为他拥有丰富的知识,刘备才"三顾茅庐"请他出山,从而他有机会把他的真知灼见运用于刘备争霸事业的实践中,把知识变为力量,使蜀国由弱变强,取得巨大成功。而他也由一介平民成为一国丞相。在近现代,毛泽东博古通今,把马克思列宁主义与中国革命实践紧密结合起来,领导中国人民推翻了三座大山,赶跑日本帝国主义,解放全中国,使全国人民走向胜利。在革命实践中,知识不仅成就了一代伟人,同时也改变了中国人民的命运。

又如举世闻名的美国发明家爱迪生(1847—1931)。他在上课时经常向老师提出一些另类问题而被学校当作"低能儿",被迫退学。他母亲是小学教师,他只好在母亲指导下自学。

他是人类历史上最伟大的发明家之一。他改进了电灯,发明了留声机、电影摄影机等等，一生发明共有2000多项，其中申请专利的达1000多项。他的各种发明为世界增加的财富可能比历史上任何一个人都多，而且从根本上改变了人类的生存状态和生活方式。人们盛赞他是"一位发明的神灵""一位能生产的天才"。在他去世几天后，全美国停电一分钟，以纪念这个只上过三个月小学的发明大王。

爱迪生之所以能取得这么大的成功，首先得益于他好学。他在母亲精心的培养下，学业有很大长进，母亲良好的教育方法，使他对学习产生了浓厚的兴趣。1862年8月，他从火车轨道上救下一名男孩，孩子的父亲对此感恩戴德，于是教他电的知识和电报技术，加上自己虚心求教，爱迪生获得丰富的知识和技能。其次得益于他善于把知识和实验结合起来。他在实验中从不怕苦，往往连续几天不出实验室，不睡觉，实在累得不行了，就用书当枕头，趴在桌子上打盹。有一天他的朋友开他的玩笑，说怪不得他能搞出那么多的发明，原来连睡觉都在吸收书中的营养。从朋友的趣谈中可看出他对知识的渴求，对事业的专注。爱迪生将一本又一本书中的知识与一次又一次实验的实践结合起来，为世界做出了巨大贡献。

上述三大条件，相互联系，互相渗透，互相作用，缺一不可。青少年要认真读书，掌握科学方法，提高素质和能力，在实践中把知识转化为强大力量，使自己成为对社会对人民有贡献的人。

三、知识能改变命运

知识改变命运,是说个人通过努力读书,在书海耕耘,学有所成后,就能改变自身不如意的生存状态和发展历程,拥有美好的人生,对国家和社会做出更大的贡献。

知识改变命运,包含着丰富而深刻的内涵。

1. 经验的总结

李嘉诚提出"知识改变命运"。他说:"我们正在跨入的 21 世纪,是知识和知识经济的世纪,知识将最大限度地决定经济发展、民族进步、国家富强以及人类文化的提升。知识是推动发展的最重要工具,改变命运的机会就掌握在我们自己手中!"这是他对自己的成功经验最精辟的总结。

说起李嘉诚,其刻苦学习的精神一直为世人津津乐道。

14 岁时,成绩一直名列前茅的李嘉诚因贫困辍学回家,先后当过学徒,销售员。他一直执着地追求新的知识,即使是在最艰难的时期,仍然会抽出时间学习。他说,在最艰难的时候,曾用旧书换新书来看,这样就能获得更多的知识。1950 年,李嘉诚自己创业,创办了长江塑胶厂。最初几年,他每星期要工作 7 天,每天至少工作 16 小时,加上工厂人手不够,他要身兼买货、接单等工作,经常睡眠不足,但他仍坚持每天学习。

在数十年的从商生涯中,李嘉诚始终保持着旺盛的求知欲望。他每天晚上睡觉前，都要看半个小时的书或杂志，学习知识、了解行情、掌握信息。他说，读书不仅有乐趣，而且启迪心智。据他自己讲，文、史、哲、科技、经济方面的书他都读，但不读小说，不看娱乐新闻，他认为这样可以节省时间去做更多有意义的事情。他在回忆过去时这样感慨："年轻时我表面谦虚，其实内心很'骄傲'。至于为什么骄傲？是因为我在孜孜不倦地追求着新的东西，每天都在进步，这样离我的目标就不远了。现在仅有一点学问是不行的，要多学知识，多学新的知识。"

2. 成功的法宝

人们都希望事业取得成功，那么事业取得成功靠什么呢？无数事实告诉我们，要使事业取得成功，需要诸多条件，但最关键的是靠知识。

著名生物学家陈章良先生在接受采访时就表示，进入大学读书是他一生中最重要转折点，他以后所有的成功都源于此。陈章良出生在福建沿海一个偏僻的渔村里，9岁才上小学，但26岁时他当上了北京大学副教授，35岁担任北大副校长。这就是知识改变命运的一个很好的例子。

科技飞速进步，知识永远在更新。正如李嘉诚所说："我们身处瞬息万变的社会中，全球迈向一体化，科技不断创新，先进的资讯系统制造新的财富、新的经济周期、生活及社会。我们必须掌握这些转变，应该求知、求创新，加强能力在稳健的基础上力求发展，居安思危。无论发展得多好，你时刻都要做好准备。财富源自知识，知识才是个人最宝贵的资产。"

虽然名人的成功我们难以复制，但是我们能从他们身上找寻成功的规律，就是要不断学习充实自己，才不会被日新月异的社会淘汰。

有人认为，相貌和家庭关系是事业成功的决定因素。其实不然，相貌与成功没有任何关系。事实上，不管长得高矮胖瘦美丑都有可能成功。现实中的成功人士，既有长相俊美的，也有相貌平平的，可见成功与相貌并无必然关系。至于成功与家庭背景的关系，有的人认为非常重要，学得好不如生得好，考个好学校不好有好父母，俨然成功不需要自我努力，只要有好的家庭背景就够了。客观地说，不能讲成功与家庭背景没有丝毫关系，但家庭背景不是决定因素。

一个人的成功只能靠自我努力学习，掌握丰富的知识，而靠家庭背景拥有仅仅是表面上的光鲜，而不是真正的成功，充其量只能算是临时的"伪成功"，就像肥皂泡一样，尽管五光十色，但是一触即破，而且一旦破坏，就无恢复。因此，知识才真正是事业成功的决定因素。

3. 典型的表现

（1）知识可以创造财富

现在我们从具体事例来看如何用知识创造财富。

古希腊思想家泰勒斯,被称为"科学和哲学之祖"。他运用丰富的天文、数学和其他科学知识,经过周密的预测和计算,断定第二年将是橄榄的丰收年。于是变卖家产,用相当廉价的租金租了附近所有的橄榄榨油器。第二年,橄榄果真获得大丰收,人们争相租用榨油器。这时,泰勒斯转而用很高的价钱出租榨油器,因此赚了很多钱。有一天,泰勒斯见到曾嘲笑过他的商人也来求租,就说:"尊贵的富翁啊,看到了吧?这些榨油器都是我用知识搞到手的。像你这样的富翁也只好求助于我。然而,我追求的不是这几个钱,而是为了证明科学知识对人的生活是大有用处的。知识是无价之宝,是最伟大的力量!"

美国著名的福特汽车公司,一天有一台发电机坏了,造成整个车间都停产了,该公司领导十分着急,立即调来大批检修工人反复检修,又请了许多专家来察看,结果都找不出原因。福特公司的领导非常苦恼,别说停一天,就是停一分钟,对公司来讲也是巨大的经济损失。这时有人提议去请著名的物理学家、电机专家斯坦门茨帮助,大家一听有理,急忙派专人把斯坦门茨请来。斯坦门茨要了一张席子铺在电机旁,聚精会神地听了很久,然后又要了梯子,爬上爬下忙了多时,最后在电机的一个部位用粉笔画了一道线,写下"这里的线圈多绕了16圈"。人们照办了。令人惊异的是,故障竟然排除了!生产立刻恢复了!福特公司经理问斯坦门茨要多少酬金,斯坦门茨说:"不多,只需一万美元。"一万美元?就只简简单单画了一条线!当时福特公司最著名的薪酬口号就是"月薪 5 美元",这在当时是很高的工资待遇,以至于全美国许许多多经验丰富的技术工人和优秀的工程师为了这 5 美元月薪从各地纷纷涌来。一条线一万美元,在当时相当于一名普通职工 100 多年收入的总和!斯坦门茨看大家迷惑不解,就转身开了个账单:画一条线一美元,知道在哪儿画线,就得 9999 美元。这就是知识转化为财富的具体而生动的例子。

(2)知识可以改变人生

知识不仅能使人获得财富,而且可以改变人生道路,提升人的价值。

张俊成,从北大保安到职专校长,是他刻苦学习的结果。张俊成,生于 1976 年,是山西长治市人,家庭经济比较困难,初中毕业就辍学了。一开始他在老家务农,种了几年地,生活比较艰苦,他就想出去闯。他先是去长治当地的汽修厂打工,工作很卖力,后来得知长治市劳动局要给北京输送一批劳工,他报名后被录取并分到北京大学当保安。后来在"知识改变命运"的鼓舞下,利用业余时间学习英语。北大英语系的教授注意到这个捧着英语课本坐岗的小保安,就主动为张俊成办理了两张听课证,还鼓励他追逐新的人生目标:参加成人高考。经过数月拼搏,他以 413 分的成绩被北京大学法律系专科录取,成功"迈入"北大校门。在北大的 4 年时间里,作为保安,他多次荣获嘉奖；作为学生，他废寝忘食、勤奋好学，甚至带领保安队的其他伙伴读书。他的个人事迹不仅得到北大师生的赞赏与认可，还被媒体报道，被誉为"北大保安高考第一人"。从北大毕业后，他毅然决然回到长治，先后在多所职业学校任教，后和4位伙伴共同创办了一所中等职业学校，成为长治市科技中等职业学校校长。他深有体会地说，高考是他命运的转折点，知识是人生道路的指路明灯，改变了他的人生命运。

（3）知识可以战胜痛苦

我国的张海迪和美国的海伦·凯勒就是用知识战胜残疾带来的痛苦，不仅成为对社会有用的人，而且为全球残疾人树立了光辉的榜样。

张海迪，小时候因患脊髓血管瘤导致高位截瘫。从那时起，张海迪开始了她独特的人生。她无法上学，便在家中自学完成中学课程。15岁时，张海迪跟随父母，下放山东莘县，给孩子当老师。她还自学针灸，为乡亲们无偿治疗。后来，张海迪还当过无线电修理工。她虽然没有机会走进校园，却发奋学习，学完了小学、中学的全部课程，自学了大学英语、日语和德语，并攻读大学和硕士研究生的课程。1983年张海迪开始从事文学创作，先后翻译了数十万字的英语小说，编著了《生命的追问》《轮椅上的梦》等。其中《轮椅上的梦》在日本和韩国出版，而《生命的追问》获得了全国"五个一工程"优秀图书奖。

2002年，她创作的长达30万字的长篇小说《绝顶》问世。张海迪被誉为"八十年代新雷锋"，"当代保尔"。她怀着"活着就要做个对社会有益的人"的信念，以保尔为榜样，勇于把自己的光和热献给人民。

美国著名女作家、教育家、慈善家、社会活动家海伦·凯勒也是用知识战胜残疾，提升人生价值的优秀代表人物。她生于1880年6月27日，出生后第十九个月时因急性脑充血失去视力和听力。然而就在这黑暗又寂寞的世界里，她竟然学会了读书、写字和说话，并以优异的成绩毕业于美国哈佛大学拉德克利夫女子学院，成为一个学识渊博的著名作家和教育家。她走遍美国和世界各地，为盲人学校募集资金，把自己的一生献给了盲人福利和教育事业。她赢得了世界各国人民的赞扬，并得到许多国家政府的嘉奖。她认识到一个聋盲人要脱离黑暗走向光明，要改变自己的命运，最重要的是要学会认字读书。1964年她被授予美国公民最高荣誉——总统自由勋章，次年又被推选为世界十大杰出妇女之一。

（4）知识可以改变国家前途

拿破仑·波拿巴，在1769年生于科西嘉岛，他从小好学，善于独立思考。在父亲卡洛·波拿巴的安排之下，拿破仑10岁时进入法国布里埃纳军校接受教育。作为一个从偏远且又是殖民地科西嘉来的"外来者"，身材矮小的拿破仑经常遭受其他本土学员的欺辱，但他通过自己的不懈努力，最终赢得了许多本土学员的尊重。1784年10月19日，拿破仑以优异的成绩从布里埃纳毕业之后，被送到法国巴黎军官学校，专攻炮兵学。

16岁时，父亲去世，家境贫寒的拿破仑提前毕业，进入拉斐尔军团并被授予了炮兵少尉军衔。在随部队驻防各地期间，他沉迷于各类书籍，包括有关亚历山大的战史著作，应用物理学、数学、建筑学著作以及各国风土人情记录等，还有许多启蒙运动时期的思想家作品，其中卢梭的思想对他影响很大。拿破仑在远征时，除了2000门大炮之外，还带了175名各行各业的学者，以及上百箱的书籍和研究设备。在远征途中，拿破仑曾下达过一条著名的指令："让驮行李的驴子和学者走在队伍的中间。"拿破仑曾说，真正的征服，唯一不使人遗憾的征服，就是对无知的征服。正是由于拿破仑善于学习，不断积累了丰富的知识，才成为著名的军事家、政治家，振兴了法国。

拿破仑于1804年11月6日成为法兰西帝国皇帝，对内他多次镇压反动势力的叛乱，颁布了《拿破仑法典》，完善了世界法律体系；对外他率军击败了反法联盟，沉重地打击了欧洲各国的封建势力，捍卫了法国大革命的成果。

毛泽东也是勤于学习，善于运用丰富的知识和革命理论，领导中国人民彻底改变国家命运的一代伟人。

毛泽东是个终生与书为伴的人，他热爱学习、热爱读书无人能比。自少年时代起，他就善于挤时间看书学习。在长沙求学时他勤学苦读，革命战争年代他利用战争空隙争分夺秒地研读，在社会主义建设时期更加嗜读。他的居室，书架上摆满了书，办公桌、饭桌、茶几上到处都是书，床上除躺卧的位置外也全都被书占领，连厕所里也摆放着书。为了读书，他把一切能利用的时间都用上了。外出开会或视察工作时，也总是带着几箱子书。路途中他不顾列车震荡颠簸，一手拿着放大镜，一手按着书面，读得津津有味。毛泽东孜孜不倦地读书学习，是他成为伟人、做出丰功伟绩的先决条件。

毛泽东正是由于有广博的知识，横溢的才华，才能领导中国革命，改变了中国人贫困受辱的命运，成为集政治家、革命家、军事家于一身的伟人。

第三章

书是知识载体

知识、书籍、读书,到底有多重要?全国政协常委、民进中央副主席、著名学者朱永新曾说,一个人的精神发育史,就是一个人的阅读史,而一个民族的精神境界,在很大程度上取决于全民族的阅读水平。一个社会到底是向上提升还是向下沉沦,就看阅读能植根多深,一个国家谁在看书,看哪些书,就决定了这个国家的未来。读书不仅仅影响个人,还影响到整个民族,整个社会。要知道,一个不爱读书的民族,是可怕的民族;一个不爱读书的民族,是没有希望的民族。这绝不是耸人听闻的说教,而是肺腑之言。我们要高度重视,把读书学习当作人生和生命的基本需要。

一、书籍的含义

1. 什么叫书籍

书籍就是知识的载体。书籍是用文字、图画和其他符号,在一定材料上记录各种知识，清楚地表达思想，并且制成卷册的出版物。它是传播各种知识和思想，积累人类文化的重要工具。随着历史的发展，在书写方式、所使用的材料和装帧形式方面，书籍也在不断变化与变更。

2. 书籍的发展

书籍的历史和文字、语言、文学、艺术、科学和技术等的发展有着紧密的联系。

迄今为止发现的最早的书可能是五千年前古埃及的纸莎草书。

中国正规书籍，最早是用竹子和木头做的。竹子和木头是常见并容易得到的东西，在造纸和印刷术发明之前，人们把竹子和木头削成狭长的小片，在上面写字。用竹子削成的狭长小片叫"竹简"，用木头削成的叫"木简"，它们统称为"简"。简上通常只写一行字，如果写错了，就用小刀刮去重写，所以古代把删改文章叫"删削"，这个词一直沿用至今。现在的书籍开本有大有小，古代的简也有长有短。写一部书要用很多简，把这些简编连起来就成为"册"。编册多用麻绳，也用丝绳（称"丝编"）或皮条（称"韦编"）。"韦编三绝"，说的就是著名思想家孔子因为经常阅读《易经》，把编简的皮条都磨断了三次。表示书的数量的"册"字，便是一个象形字，很像绳子把一根根简编连起来的样子。

春秋战国和秦汉时期，人们已经普遍用竹木简做书籍。春秋战国时期还出现过写在丝织品上的书——"帛书"。帛书比竹木简书轻便，而且易于书写，不过丝织品价格昂贵，所以帛书的数量远比竹木简书为少。东汉初年已有纸书，纸轻便、易于书写，价格比帛便宜，后来纸书便逐渐流传开来，到了晋朝，纸书基本取代了竹木简书和帛书。

从书籍的产生和发展过程可以看出，书籍通过不断完善的技术方法，可以不受时间、空间的限制传播和保存信息，具有宣告、阐述、贮存与传播思想文化的功能。

书籍是人类文明进步的重要标志之一。书籍早已成为传播知识、科学技术和保存文化的主要工具之一。随着信息传播手段的发展，传播知识信息手段，除了书籍、报刊外，其他工具也逐渐产生和发展起来，但书籍的作用是其他传播工具或手段所不能代替的。在当代，无论是在中国，还是在其他国家，书籍仍然是促进社会政治、经济、文化发展必不可少的重要传播工具。

3. 书籍的作用

由于书籍内容极为丰富，其具体功能和作用又各不相同，不好笼而统之地加以概括，所以古今中外很多先贤名人都用比喻的方法，给予书籍各种各样的美誉，如把书比作"知识的海洋""治愚药品""源头活水""金子""阳光""灯塔""宝石""总统""营养品""精神食粮"以及"阶梯""钥匙"等等。书可以让人们学到丰富的知识,开阔眼界,创造财富,使人进步,正如北宋著名文学家、书法家、画家苏东坡在《和董传留别》诗中所写的"腹有诗书气自华"。

(1)书籍是知识的海洋

书籍是知识的海洋是讲书籍所承载的内容的广泛、无限性。书籍包含着从过去到现在直至未来,上至天文下至地理,古今中外人们所创造的知识文化,应有尽有。"开卷有益"就是指只要人们去看,去读,书籍就会给你知识,给你智慧和不尽的快乐。比如包罗万象的《中国大百科全书》,涉及哲学、社会科学、文学艺术、自然科学、工程技术等各个学科和领域。

(2)书籍是全世界的营养品

书籍是营养品(或者说是精神食粮),就是讲书籍对于人的精神就好像粮食对于人的身体一样重要。有了粮食人就不饥饿,粮食能使人身体正常发育、健康地成长。同样,有了书籍,人的精神就不会空虚、枯竭,人就不会变得无知、愚昧。书籍这一宝贵的营养品,能使人思维活跃,聪颖智慧,使人胸怀开阔,豁达开朗,使人目光远大,志存高远。

莎士比亚说,书籍是全世界的营养品,这也是他一生经验的总结。他从小好学上进,博览群书,掌握了出色的写作技巧和较为丰富的知识,而后他大量阅读旧剧本、小说、编年史,广泛收集民间传说,这些丰富的"营养品",极大地推动了他的戏剧创作。

(3) 书籍是智慧的钥匙

书籍是智慧的钥匙，是说书籍能帮助人们不断开启心灵的智慧之窗。人们可以通过书这把钥匙，找到自己存在的问题和不足，树立起正确的人生观和价值观，学会如何做个有益于社会的人。

第一，书能让人的理想更坚定。人，为理想而活，而理想又靠什么来实现呢？靠知识。知识又来自何方？书！读书让人具有更聪慧的大脑、更渊博的学问。我们只有通过书海耕耘，才有可能使理想变为现实，使梦想成真。

第二，书能让人心胸更广阔。心胸的广阔，源于思想的进步。我们知道，汽车要想飞驰，要靠充足的动力。人也是一样，要想使自己的思想进步，就要有使思想进步的力量，这种力量来自何方？答案无疑是书。只有思想进步了，自己的心胸才会更广阔。

第三，书让人心态更乐观。当你遇到各种苦恼时，不要悲伤、不要急躁，你应该去读书，让它给你指导方向、给你照亮迷茫的前路。

书是人生不可缺少的一把钥匙。如果一个人的生活中没有书的陪伴，那么无法想象他的生活将会多么枯燥无味。我们的生活中不能没有书，没有书的生活，就像在没有光的世界中生活。

（4）书籍是我们前进的灯塔

惠普尔说，书籍是屹立在时间的大海中的灯塔。他把书比喻为灯塔，是指书具有方向性、导向性，能引导人们从黑暗走向光明，从困难走向顺利，从挫折走向胜利，使人们在艰难的生活环境中充满希望。

贾宏图在《书籍是人生海洋的灯塔》中讲述了真实的故事：20世纪60年代后期，有2000万中学生上山下乡，面对极端艰苦的自然环境和超负荷的劳动，他们以书为伴，吸取精神力量，并把从书中获得的知识变成改变命运的力量，创造了许多人生奇迹，让人叹为观止。

有个老师曾说，当他发现有学生不思进取，有得过且过的念头时，就给他们读《溃散的黑暗》这篇文章。讲述了上海一位爱好文学的盲姑娘，叫杜琼，在那个只有声音没有光亮和色彩的世界里，凭借毅力，一步步实现着自己的人生目标。她出版盲人书籍，考进医疗推拿班，并以优异成绩毕业；还通过了美国一所学校所有的考核，成为那所学校录取的第一位来自中国的盲人学生。做成了很多健全的人也未必能做到的事情，赢得了大家的钦佩和尊敬。同学们被杜琼的事迹深深打动了，认识到读书的重要性。只要我们坚持不懈，努力学习，有书籍这个灯塔指引，世界上就没有我们克服不了的困难。

（5）书籍是人类进步的阶梯

书籍是人类进步的阶梯，是指书籍的工具性，书籍在人类文明史上发挥了不可替代的作用。人类的发展和进步，丝毫离不开书籍。它记载了人类的历史，记载了人类所有的发现，承载了人类历代积累的知识财富。因此，人们只要肯读书，就可以了解几千年人类的思想、经验，汲取过去无数人辛苦获得的知识、教训。这样，才能站在前人的肩膀上不断地前进。

马克思在创立政治经济学之前，重读了之前所有的经济学著作，才写成了震惊世界的《资本论》，敲响了资本主义的丧钟。马克思还在深入研究了他之前的哲学思想，尤其是在批判地继承了费尔巴哈的唯物主义和黑格尔的辩证法思想的基础上，创立了马克思主义哲学体系。

大科学家牛顿说："我之所以比别人看得更远，是因为站在巨人的肩膀上。"他深入研读了哥白尼的《天体运行论》、开普勒的《光学》、笛卡儿的《几何学》以及伽利略的著作等，在16、17世纪科学先驱们所获成果的基础上，发现了万有引力定律，建立起一个完整的力学理论体系。

后来，爱因斯坦又在伽利略、牛顿等人学说的基础上，提出了相对论，翻开了物理世界的新篇章。试想，如果没有前人的知识积累，我们现在的卫星、宇宙飞船能飞入太空吗？

因此，俄国著名的学者赫尔岑说："书是和人类一起成长起来的，一切震撼智慧的学说，一切打动心灵的热情都在书里结晶形成。"还有一位英国著名学者说，如果现在把一切书籍都毁掉，人类就会陷入黑暗的深渊，就要重新经历几万年甚至几十万年的艰难历程。所以，书是人类进步的阶梯是人们共同认定的真理。

二、阅读现状令人忧

上述我们分析了知识的内涵和功能，说明了知识和书海耕耘的极端重要性，其目的就是唤起人们努力读书学习。那么，当前我国全民阅读状况如何呢？

1. 基本状况

（1）与自己比有所进步

近年来，党和国家领导都反复强调要开展全民阅读。习近平于2013年5月21日，在四川芦山地震灾区看望慰问受灾群众期间，在龙门乡隆兴中心学校看望学生时指出，青少年要敢于有梦。从《西游记》到凡尔纳科幻小说，飞船、潜艇今天不都有了吗？有梦想，还要脚踏实地，好好读书，才能梦想成真。李克强在2015年3月15日会见中外记者时也强调，书籍和阅读可以说是人类文明传承的主要载体，希望全民阅读能够形成一种氛围，无处不在，把阅读作为一种生活方式，把它与工作方式相结合，不仅会增加发展的创新力量，而且会增强社会的道德力量。

在党和政府的重视下，近几年全民阅读取得可喜的进步。正如清华大学新闻与传播学院院长柳斌杰所总结的那样："我认为全民阅读的总体趋势是好的。主要体现在5个方面。第一个是阅读的多样性。读纸质读物的人在稳步上升，每年上升1%左右，同时，读屏的人、通过手机获取知识的人也大幅上升，总体上是多样化的，读书的人还是越来越多了。第二，个性化。图书的品种越来越多了，我们的终端传播的信息越来越多，个性化的需求不一样了。第三，便利化。现在想读书非常便利，拿起手机就能读，上网就能读。第四，实用化。实用化的好处就是学用结合联系得更紧密，比如我们要学习什么知识，在网上就可以立刻从数据库中把它调出来。大家都可以找到自己所需要的资料，理性实用，不用漫无边际地找，分类、关联也特别方便。比如搜索像马列主义这样的著作，一下子就可以把相关的图书全都找出来。第五，中国的阅读已经迈向了国际化。对外出版，不仅仅传承文化，同时介绍我们的国家；引进内容，世界多样文化的发展，多种思想创造，对扩大国人视野也起到了重要作用。"

但是我们也要看到不足。朱永新就指出，当下阅读存在"三多三少"的问题，即简单随意的活动多，深刻有效的活动少；浅层次短期阅读多，有深度有系统的少；阅读的儿童多，成人少。因此，我们既要看到成绩，更要认识不足，使阅读更有成效。

（2）跟先进国家比差距较大

我国全民阅读水平与西方先进国家相比，差距较大，具体表现是：

第一，阅读率偏低。据报道，第十二次全国国民阅读调查结果显示：2014年我国成年国民图书阅读率为58.0%，较2013年上升0.2个百分点，数字化阅读方式的接触率为58.1%，较2013年上升8个百分点，各媒介综合阅读率为78.6%，较2013年上升1.9个百分点。2014年，中央编译出版社总编辑刘明清在接受采访时谈到，我国国民图书阅读率，这几年有所上升，和国家提倡全民阅读不无关系。但由于各种综合因素，我国阅读率仍然落后于众多发达国家。

据央视报道，2017年我国成年居民综合阅读率为80.3%，比上年增长了0.4%，继续保持增长势头。

在反映各种媒介阅读状态的数据中，图书阅读和数字化阅读方式都保持了增长的态势。图书阅读率为59.1%，较2016年上升了0.3%。数字化阅读的接触率为73%，较2016年上升了4.8%。在各类数字化阅读载体中，有71%的成年国民进行过手机阅读，每天接触时长达到80.43分钟。手机成为使用人数最多，使用时间最长的阅读方式。另外，报纸和期刊阅读率持续下滑，分别下降了2.1%和1%。

第二，阅读量偏少。据调查，2014年我国成年国民人均纸质图书的阅读量为4.56本，而韩国是11本左右，美国是7本左右，日本是8本左右。2017年我国成年居民人均纸质图书阅读量为4.66本，仅比2016年的4.65本增长了0.01，表明发展得很慢，应引起国人重视。

据了解，随着数字化阅读的发展，对我国纸质图书阅读有较大的冲击，但对西方先进国家来说，这种影响并不大，手机、平板电脑并没有取代人们手中的传统纸质书籍，大众纸质图书阅读率还是很高的。

第三，阅读条件偏弱。据了解，截至2010年，全国共有公共图书馆2884家，大约平均每45万人才拥有一座图书馆，这与每1.5公里半径内，平均每2万人设置一座图书馆的国际标准相距甚远。2010年，我国人均公共图书馆藏书量为0.46册，这与国际标准的人均2册也有相当差距。

在2010年后，阅读的基础设施建设虽有发展但进展不快。据统计，2012年全国共有县级以上独立建制的公共图书馆3076座，全国公共图书馆总藏书量为7.89亿册。

与此同时，图书尤其质量好、品位高的书不够。一些图书出版商为了营利，迎合市场的需要，大量推出平庸的快餐式图书、口袋图书，造成了真正好书匮乏的状况日益严重。

改革开放以来，在民营书业的发展过程中出现了过度商业化的现象。改革开放初期，一些学术、思想类丛书备受读者好评，但随着市场化程度的深入，这些"好书"越来越淡出大家视野。市场上充斥着同质化严重、粗制滥造的"畅销书"。出版社出的好书卖不动，消费者无好书可选，这正是所谓的"劣书驱逐良书"现象。

（3）国际友人的评价应以为戒

中国国民阅读问题引起了不少国际友人的关注。

例如，美国伊利诺伊大学阅读研究中心主任、著名的教育心理学家理查德·安德森曾到中国考察，他曾在一份关于阅读的报告中指出，中国的孩子缺乏大量的阅读，中国缺乏能够满足儿童大量阅读需求的环境，中国儿童的阅读量主要源自课文、教材。一年级中国儿童每年的阅读量大概是4900字，不到美国儿童阅读量的六分之一。

对此，我们要引以为戒，激起追、赶、超的紧迫感和责任心。

2. 主要原因

我国全民阅读水平与先进国家差距大的原因是多方面，主要有以下几点。

（1）人口文化素质与发达国家相比，有一定差距

改革开放以来，我国经过40多年的快速发展，人口的科学文化素质有了极大的提高。但是，人口文化素质和受教育状况与发达国家相比，还有一定的差距。

第一，我国劳动年龄人口人均受教育年限仍低于美国。2005年，我国劳动年龄人口平均受教育年限为8.38年，约相当于初中三年级水平。2018年，我国劳动年龄人口平均受教育年限提高到10.5年。但在2005年，美国劳动年龄人口人均受

教育年限为 13.63 年。我国劳动年龄人口人均受教育年限与美国相比仍有差距。

第二，美国教育处于长期稳步提高的阶段，我国则出现大起大落。这种大起大落也严重影响我国国民素质的提高。因此，要保持人口科学文化素质的持续稳定提高，必须重视教育相关体系与制度的稳定和健康发展。

第三，从人口的科学素质看，与发达国家之间也存在较大差距。所谓科学素质主要指掌握科学知识的多少，理解科学思想的深浅，运用科学方法的生熟，拥有科学精神的浓淡，解决科学问题能力的大小，综合表现为学习科学的欲望，尊重科学的态度，探索科学的行为和创新科学的成效等。我国第八次公民科学素质调查显示，到 2010 年，全国公民具备基本科学素质的比例为 3.27%。这个数字意味着，每 100 人中，仅有 3 人具备基本公民科学素质。与发达国家相比，我国的公民科学素质水平仍有较大差距。早在 1989 年，加拿大公民具备基本科学素质的比例就为 4% 了。美国在 2000 年时，公民具备基本科学素质的比例已经高达 17%。

（2）无用论的影响

1949 年以来，我国曾先后出现过三次"读书无用论"。

第一次出现在"文化大革命"中，以"张铁生交白卷上大学"为高潮，那时"我是中国人，何必学外语，不学 ABC，照样干革命"成为广大青年的口头禅，学校停课，学生停学，知识分子被当作"臭老九",沦为批斗的对象。在这样一种社会氛围里,知识本身似乎的确无用,因为没有可使用的地方。

第二次的"读书无用论"出现在改革开放初期。由于允许一部分人先富起来,许多没有读过多少书的人首先进入了个体户的行列,不少人成为大众羡慕的先富起来的人,而教授、医生、公务员、工程师等等,依然在单位拿着微薄的固定工资。于是就泛起了"读书无用论"。

第三次的"读书无用论"即"新读书无用论",首先从农村出现,并且逐渐蔓延至全社会。过去靠高考改变命运的农村青年面临三大难题:一是高考的公平性受到质疑;二是高昂的学费让贫困的家庭感到沉重的压力;三是花费高额费用上大学,毕业后却不一定能找到工作。这次的"读书无用论"并不是对知识本身的否定,而是对读书所带来的收益持否定态度。"读书无用论"导致大量学生厌学、弃学甚至放弃升学考试,"大学生不如农民工"等社会舆论也纷纷扰扰,给当代教育带来了严峻的考验。

(3) 应试教育压力

阅读是一门科学,读书这种习惯要靠从小培养。青少年养成良好读书习惯主要靠学校和家庭。可是奉行多年的应试教育让很多家长和教师认为学习就是做作业。所以我们经常听到老师叮嘱学生的一句话:回去把作业做好。而家长督促学生的一句话就是:作业做好了吗?从没有人问:今天看了什么书?

家长只知道给孩子买玩具，买食品，却不知道给孩子买书。为了孩子有朝一日能考上大学、名校，家长就千方百计给孩子报各种补习班，孩子功课压力大，没时间读课外读物。"望子成龙"是每个家长的愿望，读书被当作获取"名"与"利"的台阶。而阅读与考试无关的书籍，被认为是浪费精力，是不好好学习的表现。而孩子只会把学习当成不得不做的事情，把阅读当成沉重的负担。

受应试教育的影响，中小学语文教学出现偏差。"我们的语文教学内容缺乏足够的人文含量，教材里不乏雄篇美文，教学实践却把它们变成一个个尸体解剖的对象，老师做的是'尸检'的工作，提炼中心思想、段落大意……这些纯粹技术上的分析，割断了一个人和母语之间的血肉联系，使孩子们不爱读书。"曾有教学一线工作者如此痛心地指出，"中国语文教学已经把我们的阅读兴趣掐死在了摇篮里。"

孩子在年幼时未能养成良好的读书习惯，长大以后，培养阅读习惯就更难了。这不能不说是中国人不爱读书的一个重要原因。

（4）功利主义作祟

功利主义是将功利当作道德标准的一种思想理论。教育功利化具体表现为：过于看重结果而轻视过程，过于看重知识的吸纳而忽视能力的形成，过于看重学业发展而忽视健全人格的塑造，过于看重外在的形式而忽视内在的建设。这种教育严重影响了孩子阅读兴趣和能力的培养。

第一，违背了教育规律，摧残了孩子身心健康。这种教育的结果，往往是幼儿园小学化，小学初中化，甚至高中时把有些大学的课程都拿来上，在这种情况下学生的压力太大，就容易失去对阅读的兴趣。

第二，直接扼杀学生学习的主动性。学校片面追求升学率，无休止地挤压学生的各种时间，正如一些专家所说，"中国的孩子不是输在起跑线上，是被累倒在起跑线上"。学生一旦对阅读失去兴趣，不进行大量的阅读，阅读习惯又怎能养成？日后走进社会还能自觉自愿地去阅读吗？

当下社会，受功利主义影响，在就业、住房、婚姻的压力下，读书不能立竿见影为人们带来物质利益，人们想的是如何逐利，以获取物质满足，失去了对读书的热情。

当然缺乏好书，缺乏让青少年喜欢的书，也是造成他们不爱阅读的一个重要因素。由于前面已涉及，这里就不再重复了。

三、关键在于自觉性

我国国民阅读水平与发达国家相比有较大差距，其原因是多方面的，但归结起来，关键在于对阅读重要性认识不足，缺乏自觉性。因此，要改变这种现状，就必须从提高认识入手，增强自觉性和责任心。

1. 强国之利器

①开展全民阅读是提高民族素质，增强我国综合国力的有效途径。当今世界，综合国力的竞争也是民族素质的竞争，而民族素质很大程度上取决于一个民族的阅读水平。中华民族有热爱读书的优良传统，在新的时代，我们更应当继承和发扬这种传统，为国家的繁荣昌盛提供不竭的精神动力。

②开展全民阅读是淳化社会风气，提高民族凝聚力的重要保障。当前社会一部分人心态浮躁、价值观缺失，这要求我们静心阅读，净化心灵，从而淳化社会风气，构建全民族共同的价值体系，增强民族凝聚力。

③开展全民阅读是我国构建学习型、创新型社会的基础。研究证实，过去一个人全部知识的80%是在学校学习阶段取得，而现在完全相反，在校学到的知识不过占20%，80%的知识就需要在一生中通过不断学习和实践获得的。只有通过开展全民阅读提高国民文化素质，形成全民学习的良好社会氛围，才能为建设学习型、创新型社会打下坚实的基础。

文化是民族之魂，价值观是国家和谐之基，全民阅读无论是对优秀中华传统文化的传承，还是对社会主义核心价值观的树立都是举足轻重的。文化从哪里来？主要不是从宣传中来，而是从自觉阅读中来。如果没有全民阅读作支撑，国家要富强完全不可能，即使经济总量占第一，还是强不起来。例如，我国在鸦片战争之前曾经是经济繁荣的国家，我国的经济总量和对外贸易曾居世界首位，18世纪60年代，西方国家发生工业革命，使科学技术和生产力快速发展，而当时清朝统治者无视这一世界科技发展的大势，闭关自守，不愿学习，使中国成为列强宰割的羔羊。

日本作为二战的战败国，为什么能在短时间内崛起，这完全得益于重视全民阅读，重视教育和人才的培养。日本前文部大臣荒木万寿夫曾经指出，从明治以来，日本社会和经济的发展，特别是战后经济的发展非常惊人，为世界所重视，造成此情况的重要原因，可归结为教育的普及和发展。日本重视教育的历史可上溯到明治维新时代。早在1872年明治政府颁布《学制令》时，就提出了一个非常明确的口号，要在全国做到"邑无不学之户，家无不学之人"。1886年明治政府宣布在全国实施义务教育，经过多年的努力，1910年入学率达到了98%。正如日本前首相福田赳夫在一次施政演说中所说的："人才是我国的财富，教育是国政的根本。"这应该是日本崛起奇迹的根源。

日本从战后巨额战争赔偿中成功崛起，成为世界经济前三位的大国，从根本上说，就是因为日本把教育放到国家战略之首，无论遇到多大困难，他们都十分重视全民阅读，把教育放在优先发展地位，从而使经济、人才双丰收。

2. 社会建设之基础

要建设一个富有活力、积极向上的成熟社会，一刻也离不开全民阅读。

（1）阅读是构建和谐社会的重要内容

和谐社会就是全体人民各尽其能、各得其所而又和谐相处的社会，用社会学的术语来表达就是良性运行和协调发展的社会。人的发展决定着社会的发展，社会的发展又直接影响着人的发展。只有高度发展、高度文明的社会才能使每一个人得到最充分、最全面的发展，也只有全面发展了的人才能更好地推动社会的发展。因此全民阅读的开展，文化氛围的营造，在很大程度上影响着社会发展的水平。

（2）阅读是发展社会生产力的迫切要求

党和国家号召要建立学习型社会，全民学习、终身学习，促进社会和谐稳定，推进人的全面发展。而建设学习型社会，就是要我们学习科学文化，要跟上时代的步伐，培养创新型人才，创造先进文化和先进生产力。从根本上说，这依赖于全民阅读水平的提高。

（3）阅读是创建学习型社会的重要举措

和谐社会，必须树立人人学习、终身学习的理念，学习不再局限于文化教育和职业需要，学习已经从原来的传道授业解惑变为一种积极的生活方式。全民阅读是创建学习型社会最直接、最简单而富有成效的方式。

深圳原是个小渔村，后来移民人口大增，很多人认为，深圳的城市气质并不适合阅读，因为是移民城市，多数来自外地，这里飞快的节奏，忙碌的人群，激烈的竞争，喧嚣的氛围令人内心浮躁。经过多年探索，深圳找到一条"政府倡导，专家指导，社会参与，企业运作，媒体支持"的全民阅读的新路子，从而使深圳的全民阅读出现蓬勃发展的新局面。从2000年11月起开展读书月活动，每年一次，2017年的读书月活动吸引超1000万人次参加。2013年，联合国教科文组织授予深圳"全球全民阅读典范城市"的光荣称号。

阅读之花结出硕果。深圳的全民阅读推动了深圳经济社会的发展。今天的深圳，已发展成为一座经济繁荣、功能较为完备、法制比较健全、环境十分优美的新型现代化城市。阅读促进了城市文明建设，使深圳社会更加和谐；提升了人民素质，提高了市民道德水准，提高了市民幸福指数；推动经济转型升级，为经济社会发展提供强大的动力和必要的人才。

3. 育人之根本

阅读是最根本的教育，对每个人的成长会产生巨大的影响。

德国的一项研究表明，一个人在13岁，最迟15岁前如果不养成阅读的习惯和对书的感情，那么在他今后一生中，将很难再从阅读中找到乐趣，阅读的大门可能会永远对他关闭。所以我们要特别重视青少年阅读。许多专家通过研究观察，提出青少年阅读的好处有很多。

第一,会使孩子变得更理智。苏联著名教育家苏霍姆林斯基曾说:"30年的经验使我深信,学生的智力发展水平取决于良好的阅读。"我国著名教育专家尹建莉也说:"它(阅读)有一种魔力,不显山不露水地赋予孩子不同的能量——凡从小有大量阅读的孩子,他的智力状态和学习能力就会更好;凡是缺少阅读的孩子,学习能力一般都表现平淡,哪怕是写作业速度,一般来说也比那些阅读多的同学要慢得多。"

第二,读书有助于孩子形成良好的品格。那些主人公具有美好品格的书籍,很容易在读者的内心引起震荡。比如读鲁迅的书,会被鲁迅"我以我血荐轩辕"的赤子之心打动;读李白的诗,会被李白"安能摧眉折腰事权贵"的傲骨打动;读《钢铁是怎样炼成的》,会被保尔不向命运屈服的钢铁般的意志所折服……这些向上的精神会对孩子人格起到升华的作用,促使孩子从小形成良好的道德品质和健全的人格。

第三,有助于激发孩子的学习兴趣和积极性。孩子在学校主要依赖老师、教材,这样在一定程度上限制了他们学习的主动性和创造性。看喜欢的课外读物能提高孩子的学习积极性,使他们主动吸收知识,并积极地运用这些知识开动脑筋去思考问题、分析问题、解决问题,从而有效地培养和树立主体意识,使孩子从依赖型学习向主体型学习转变。这样的孩子将来发展的潜力更大。

总之,只要广大群众都能认识到读书是强国的利器,是社会建设的基础，是育人的根本，有了高度的自觉，努力投入全民阅读活动的行列，把阅读作为生活方式，那么我们赶超发达国家就指日可待。

第四章

为圆梦而学习

动机是人们为实现一个特定目的而行动的原因,具有激活、引导和激励的功能,对个体行为有巨大的影响。青少年要想在书海耕耘中取得成功,就必须树立正确的动机。比如,周恩来总理在青少年时,就立志为中华崛起而读书。

周恩来12岁那年离开老家,跟伯父到沈阳去读书。有一次,校长来给大家上课,问同学们:"你们为什么读书?"有的说:"为明礼而读。"有的说:"为做官而读书。"有的说:"为父母而读书。"有的说:"为挣钱而读书。"当问到周恩来的时候,他清晰有力地回答:"为中华之崛起而读书!"校长震惊了,他没料到,一个十几岁的孩子,竟有这样大的志气。从此以后,周恩来受到全校师生的敬佩。

一、中国梦的内涵

周总理在100多年前,就立志为中华崛起而读书,为我们树立了光辉的榜样。今天，我们青少年要向周总理学习，要树立为实现中国梦而读书。那什么是中国梦呢？

1. 中国梦的含义

2012年11月29日，在国家博物馆，新一届中央领导集体参观了《复兴之路》展览。参观过程中，习近平总书记发表了重要讲话，深刻阐述了中国梦。他指出"实现中华民族伟大复兴，就是中华民族近代以来最伟大的梦想"，并表示这个梦想"一定能实现"。中国梦的具体内容即"两个一百年"奋斗目标，即到中国共产党成立100年时全面建成小康社会，到新中国成立100年时建成富强民主文明和谐的社会主义现代化国家。中国梦实现的途径是必须走中国道路，弘扬中国精神，凝聚中国力量，实施手段是加强政治、经济、文化、社会和生态文明五位一体建设。

从上述我们可以看出，中国梦的基本内涵就是国家富强、民族振兴、人民幸福。它包括三层意思：

第一，中国梦是实现国家富强的梦。要实现国家的富强，最关键的就是实现"两个一百年"奋斗目标，也就是到中国共产党成立100年时，全面建成小康社会；到中华人民共和国成立100年时，建成富强民主文明和谐的社会主义现代化国家。

第二，中国梦是实现民族振兴的梦。从1840年鸦片战争开始，中国经历了一个世纪的屈辱历史，深刻明白"落后就要挨打"这个道理，只有国家富强，人民才不会被侮辱。实现中华民族伟大复兴就是要实现经济持续健康发展、政治公正开明、文化繁荣兴盛、社会和谐稳定，人与自然和谐共生。

第三，中国梦也是实现中国人民幸福的民生梦。人民幸福，就是要坚持以人民为中心，增进人民福祉，促进人的全面发展，朝着共同富裕方向稳步前进。

2. 中国梦的时代特征

当代中国所处的发展阶段，决定了全面建成小康社会是中国梦的首要目标，与此相应地，中国梦也呈现出这个阶段的许多重要的时代特征。

第一，综合国力进一步跃升的"实力特征"。如今，我国经济总量已跃居世界第二位，但人口多、底子薄、发展很不平衡的状况并未根本改变。党的十九大指出，要按照十六大、十七大、十八大提出的全面建成小康社会各项要求，紧扣我国社会主要矛盾变化，统筹推进经济建设、政治建设、文化建设、社会建设、生态文明建设，坚定实施科教兴国战略、人才强国战略、创新驱动发展战略、乡村振兴战略、区域协调发展战略、可持续发展战略、军民融合发展战略，突出抓重点、补短板、强弱项，特别是要坚决打好防范化解重大风险、精准脱贫、污染防治的攻坚战，使全面建成小康社会得到人民认可、经得起历史检验。从十九大到二十大,是"两个一百年"奋斗目标的历史交汇期。我们既要全面建成小康社会、实现第一个百年奋斗目标,又要乘势而上开启全面建设社会主义现代化国家新征程,向第二个百年奋斗目标进军。

第二,社会和谐进一步提升的"幸福特征"。党领导全国各族人民共圆中国梦的根本目的,就是要实现好、维护好、发展好最广大人民的根本利益,进而提升全社会的幸福指数。提升幸福指数是个复杂的系统工程,既要考虑物质因素,又要考虑非物质因素,从根本上讲,就是要进一步提升社会和谐的水平。党的十九大提出,要完善公共服务体系,保障群众基本生活,不断满足人民日益增长的美好生活需要,不断促进社会公平正义,形成有效的社会治理、良好的社会秩序,使人民获得感、幸福感、安全感更加充实、更有保障、更可持续。

第三,中华文明在复兴中进一步演进的"文明特征"。中华文明是世界上唯一几千年不断延续、传承至今的文明,但要体现现代文明色彩,就必须超越数千年来创造的农耕文明形态。党的十九大强调,要坚定文化自信,发展中国特色社会主义文化。就是要坚持为人民服务、为社会主义服务,坚持百花齐放、百家争鸣,坚持创造性转化、创新性发展,不断铸就中华文化新辉煌。坚定不移地推进中国梦的实现,把我国建设成富强民主文明和谐美丽的社会主义现代化强国,中华文明必将放射出更加灿烂的光芒。

第四,促进人全面发展的"价值特征"。中国梦具有多个维度,而其价值维度就是要实现人的全面发展。党的十八大明确把"促进人的全面发展"纳入中国特色社会主义道路,并且强调"不断在实现发展成果由人民共享、促进人的全面发展上取得新成效"。这表明中国特色社会主义把实现人的自由全面发展作为终极价值追求,必将极大提升中国梦的吸引力、凝聚力和感召力。

二、志向高远动力大

习近平在2015年6月1日中国少年先锋队第七次全国代表会上强调,志向是人生的航标,一个人要做出一番成就,就要有自己的志向,一个人可以有很多志向,但人生最重要的志向应该同祖国和人民联系在一起,这是人们各种具体志向的底盘,也是人生的脊梁。

1. 目标是前进的动力

一个人一旦树立了远大的目标,就会产生巨大的力量,推动事业取得重大成功。这是因为目标一旦确定,并一再主动地将它反复向自己灌输,我们就能清晰地看到自己的使命和任务,就能真切地感受到生命存在的意义和价值,这样也就必然会产生一种积极的心态,激发起自己所有的热情,调动起自己全部的才智和潜能,把它们全都集中到自己所确定的目标上去。

第四章 为圆梦而学习

让我们来看一个故事。有一次，有位哲学家来到一个建筑工地，分别问三个正在砌墙的工人："你在干什么？"第一个工人一脸苦相，头也不抬地说："我在砌砖。我笨手笨脚的，也就只能干干这样的活儿了。"第二个工人抬了抬头，若有所思地说："我在砌墙，一堵堵墙相互连接，慢慢也就能建成一座房。"第三个工人满怀憧憬地说："我在建一座美丽的教堂！"

听完回答，哲学家就判断出这三个人的未来：第一个工人心中眼中只有砖，可以肯定，他一辈子能把砖砌好，就很不错了；第二个眼中有砖，心中有墙，好好干或许能当一位工长、技术员；第三位，必有大出息，因为他胸怀远大目标，心中有一座神圣的殿堂。若干年过去以后，果不其然，第一个工人还在干着他的老行当，第二个工人升为一名技术员，而第三个工人呢，则成为一位闻名遐迩的建筑大师。

这个故事清楚不过地告诉我们，一个人有无远大的目标，对他的未来确实是有着巨大的影响。

卡耐基曾对世界上一万个不同种族、年龄与性别的人进行一次关于人生目标的调查。他发现，只有3%的人能够确定目标，而另外97%的人，要么根本没有目标，要么目标不确定，要么不知道怎样去实现目标……10年之后，他对上述对象再一次进行调查，结果令人吃惊：调查样本总量的5%找不到了，95%的人还在；属于原来那97%范围内的人，除了年龄增长10岁以外，在生活、工作、个人成就上几乎没有太大的起色，还是那么普通和平庸；而那原来与众不同的 3% 却在各自的领域取得了相当大的成功。他们在 10 年前提出的目标，都不同程度得以实现。

美国哈佛大学的心理学家对一群年轻人进行长期追踪调查，也反映了同样的问题。他们追踪调查的那些对象，年龄、智力、能力和家庭背景都大致相同，唯一不同的是他们的生活目标。在这些人中，27% 的人没有生活目标，60% 的人只有模糊的生活目标，10% 的人有清晰的生活目标，3% 的人有非常明确、坚定不移的生活目标。25 年后，心理学家的追踪调查结果表明，那些没有生活目标的人，大多生活在最底层；生活目标模糊不清的人，大多生活在社会的中下层；而那些生活目标非常明确、坚定不移的人，大多数都成为各行各业的顶尖人物。

这些调查研究清晰地向我们说明：目标的有无，往往决定着事情的成败，甚至决定一个人一生的命运。若是心中没有目标，那就很难办成什么事情，甚至将庸庸碌碌地虚度一生；如果心中有了明确的目标，那就能旗开得胜，一步步走向成功，创造光辉灿烂的美好前程。

一个人如若想有所作为，就必须在青少年时期就确立一生为之奋斗的宏伟目标。马克思正是因为在年轻时就确立了为人类谋幸福的宏伟目标，才创立了共产主义的伟大学说。周恩来正是因为少时就确立"为中华崛起而读书"的宏伟目标，这才为中国人民的解放事业立下卓著功勋，并赢得了国人永远的爱戴。

所以，处在新时代的中国青少年就应该树立为实现中国梦而学的雄心壮志，决不应该将自己的学习只是简单地看作听课、做题、考试和升学，而是要将它与祖国的前途、民族的振兴和人民的幸福有机地联系在一起。也就是说要明确现时的学习绝不是为了机械地完成任务，也不是为了谋取个人的私利，而是为了真正学好过硬的本领，以便将来报效祖国和服务人民。

目标是指路灯，目标是原动力。为了愉快的今天，更为了美好的明天，我们一定要记住这样的话：你可以一辈子都不登山，但你心中一定要有座山，它使你总往高处爬，它使你有个奋斗的方向，它使你任何一刻抬起头，就能看到自己的希望。

2. 志高能攻坚克难

当前青少年读书其目标不外乎四种：一是为读书而读书，二是为了考上一所好大学，三是为了古人所说的"修身养性"，四是为了中华民族的伟大复兴，立志成为社会的栋梁之材。在四种人中，第一种人是最可怜的，因为他（她）没有理想，没有奋斗目标，"不是我想读书，是父母硬要我来读书的"，没有理想的人就如无源之水，无本之木，做一天和尚撞一天钟，得过且过，这样的人会有怎样的出息？在青少年时代就没有人生理想，这是最可怕的。第二种人目标明确，"父母花了大价钱,就是为了让我考个好大学,将来混个好前程",这种人个人算盘打得好,挺现实的。作为短期奋斗目标,也无可厚非。第三种人读书是为了"修身养性"。儒家把人生奋斗的目标分为三个层面,"修身、齐家、平天下",所谓修身就是陶冶个人的品质,"齐家"就是说管理好家庭,甚至家族,"平天下"就是说如果你能修好身、齐好家的话,那么就把你的才华用来治理社会,为社会做贡献。"修身"是最基本的人生目标。第四种人,他们懂得,新中国成立以来,虽然我们已取得举世瞩目的成绩,但我国底子薄,目前仍处在社会主义初级阶段,经济实力与发达国家比还有不小的差距。因此,我们要树立为实现中国梦而学习的雄心壮志,把个人的前途和国家民族的利益紧紧联系在一起,让生命之花开得更加灿烂。

一个人有了目标就有了方向,有了高远的志向就会产生巨大的动力,就能攻坚克难。人没有压力不抬头,没有动力不奋进。

3. 目标坚定能夺时

一个人只要有了正确的目标、远大的志向,就能有坚强毅力地争取读书的时间,真正成为时间的主人,像爱护生命一样珍惜时间,以只争朝夕的精神利用时间。

当代人工作繁忙,生活节奏快,没有整段时间去阅读。如果我们把读书与工作实践结合起来,会发现阅读是一种开阔思路的方式,既提供了不同的视角,又拓展了见识。

古人云,善读书者善用"三余"时间。工作再繁忙,每天也有许多零碎的时间,比如候车、坐车的时间,利用好这些时间,读一小段文字,就会有收益与乐趣。

达尔文曾说过:"我从来不认为半小时是微不足道的很小的一段时间。"繁忙是事实,但只要我们肯抽时间读书,就一定能掌握丰富的知识,使人生不断达到更高境界。

有人说,自己事多工作忙,没有时间读书。这只是一种借口。关键在于自己是否有远大的目标,崇高的志向,是否善于利用时间。毛主席和习近平总书记仍然坚持在百忙中,利用一切工作空隙读书。我们一定要以他们为榜样,做时间的主人,勤奋阅读,善于阅读,使阅读成为我们的生活方式。

三、书海耕耘为圆梦

习近平总书记号召青少年要"敢于有梦、勇于追梦、勤于圆梦"。他指出,实现中华民族伟大复兴的中国梦,是中国青年运动的时代主题。共青团要在广大青少年中深入开展"我的中国梦"主题教育实践活动,为每个青少年播种梦想、点燃梦想,让更多青少年敢于有梦、勇于追梦、勤于圆梦,让每个青少年都为实现中国梦增添强大青春能量。

肩负着祖国的繁荣与富强重任的青少年,必须响应习总书记的号召,树立书海耕耘为圆梦的意识,努力练好本领,坚定自己的理想信念，不断提高自身的综合素质，为将来实现中国梦做好充分准备。

1. 不断加强学习

青少年正处于学习的黄金时期，学习是首要任务，应该把学习作为一种责任、一种精神追求、一种生活方式。青少年要珍惜大好时光，不断增强知识更新的紧迫感，集中精力，心无旁骛，刻苦钻研，努力掌握现代科学文化知识，不断汲取反映当代世界新发展的各类新知识，为实现中国梦做好知识储备。

（1）明确使命，提高自觉

书是知识的源头，是人类的营养品，进步的阶梯，是我们圆梦强有力的思想武器。要筑梦、追梦、圆梦就必须自觉地、刻苦地学习。青少年首先要在学校学好课程，这是打基础。就好比盖房子要打地基一样，没有坚定牢固的地基，房子就缺乏稳定性，构筑牢固的知识基础，能为后继的深入学习创造良好条件，为圆梦铺平道路。其次，有计划学习课外知识，如果青少年只掌握课本上那点知识，那么，知识结构难免单一，因此，要多读些课外书，只有博览群书，才能全面发展。

第一，要学习理论。青少年正处在成长的重要时期，打好理论根底，有助于确立正确的把世界观、人生观和价值观，学习理论才能分清是非、坚定信念，学习理论才能提高理论思维能力，才能掌握的科学思想方法。

第二，要读点历史和文化方面的经典著作。古今中外的优秀文化书籍，是人类共有的精神财富，多读优秀文化典籍，接受优秀文化熏陶，可以增强我们的认识和实践能力，不断提高精神境界。

第三，要学习各类新知识。当前我们正处在一个大变革、大发展的时代，新知识、新事物层出不穷，必须及时更新知识，与时俱进。

（2）把握学习环节，提高效率

青少年不仅要刻苦学习，而且还要讲究不同学习环节的学习方法。科学的学习方法可提高效率，而不科学的学习方法，则会阻碍才能的发挥，给学习者带来学习效率低的烦恼。青少年要把握好以下四个环节。

第一，预习环节。老师讲课之前，自己要先独立地看新课内容。这样听课时就能与老师产生共鸣，明确哪些知识应该主要学习，加强理解消化；哪些知识应该重点牢记，做到心中有数。

第二，听课环节。听课时要抓住各学科的不同特点，带着问题认真听，记注重点，抓住关键。课堂学习时，一定要紧跟老师的思路，大胆积极地发言。适当做点笔记，帮助课后巩固记忆。

第三，复习环节。德国的心理学家艾宾浩斯通过实验发现人的遗忘规律是先快后慢。因此，每上完一节课，每学完一篇课文、一个单元、一册书都要及时复习。

第四，作业环节。独立完成作业是深化知识、巩固知识、检查学习效果的重要手段，也是复习与应用的主要形式。切不可一下课就赶着做作业，作业一做完，就万事大吉。

2. 提高思想品德

各类学校都要把立德树人作为根本任务，这关系到培养什么人，怎样培养人的根本问题。只有立德树人，把思想品德建设放在首位，才能使我们培养的人才既有高尚的道德品质，又有建设祖国的真本领，才能担负起圆梦的任务。

（1）知好歹

知好歹，就是要使学生懂得分清是与非，对与错。要让青少年树立以富强、民主、文明、和谐、自由、平等、公正、法治、爱国、敬业、诚信、友善为基本内容的社会主义核心价值观。

（2）懂规矩

俗话说，没有规矩，不能成方圆。规矩是为人行事的准则，家长和老师的重要任务就是要使孩子明事理，懂规矩。对孩子教育要宽严结合，把严格要求与耐心引导结合起来，做到赏罚分明。凡言行合乎规矩，就要及时地表扬和鼓励；不守规矩的时候，批评和责罚也绝不能少。同时，家长和老师要以身作则，起表率作用。

（3）会感恩

感恩，即知恩图报，是中华民族的传统美德。"羊有跪乳之恩，鸦有反哺之义"，这说的是不忘父母养育之恩；"一日为师，终身为父"，这说的是不忘师恩；"滴水之恩，当涌泉相报"，这说的是不忘别人的帮助之恩。感恩是基本道德准则，是做人的起码修养，也是人之常情。目前社会上一些腐朽落后的思想和不良信息的传播，正逐步腐蚀着人们的心灵，导致一些年轻人变得自私冷漠，道德水准滑坡。对广大青少年来说，感恩意识绝不是简单回报父母的养育之恩和师长的教育之恩，它更是一种责任意识、自立意识、自尊意识和健全人格的体现。因此，要特别重视对青少年的感恩教育。

3. 增强团结意识

团结就是力量，团结协作是事业成功的前提和基础。圆梦是一项全国亿万人民为之奋斗的十分复杂而艰巨的伟大事业，没有全国人民同心协力、团结奋斗是完不成的。

俗话说，一个和尚挑水喝，两个和尚抬水喝，三个和尚没水喝。三个和尚之所以没水喝，是因为互相推诿、不讲协作。个人只有依靠集体的力量，把个人的愿望和团队的目标结合起来，才能超越个体的局限，发挥集体的协作作用，产生一加一大于二的效果。

开展集体主义教育，使学生找到集体归属感，是培养学生团结协作意识和能力的前提。追求归属感是人的内在需要。没有人不愿意在一个能让自己看到希望、具有无穷潜力的集体之中学习生活。有了集体归属感，自然多了集体责任感，有了责任感后，进而培养学生让其拥有健康心理和开阔的胸襟。

参加集体活动，可以增强学生的团结协作意识，产生协同效应，在遇到困难时，学生能共同想办法、出主意，凝聚集体的力量，做到"三个臭皮匠，赛过诸葛亮"。我们想一下，当我们在工作中遇到困难，内心彷徨、犹豫不决的时候，我们最需要的是什么呢？需要的是同伴发自内心的鼓励和帮助，它可以使我们充分展示自我，可以使我们感受到团结的巨大力量。

同时，竞争是保持团队锐气的必要条件，它能促使我们在学习上更刻苦、工作上更努力、作风上更顽强，从而加快完善自我的步伐。我们提倡团队的协作精神和互补精神，就是要让大家在目标一致的前提下团结起来，携手争一流。要避免恶性竞争，积极进行良性竞争，在有序竞争的过程中，要引导青少年多为他人着想，学会团结互助，发扬民主精神。让青少年在自我管理中培养良好的团结协作精神，为今后圆梦打牢思想基础。

4. 培养创新精神

创新是文明进步的源泉，是民族进步的灵魂，是国家兴旺发达的不竭动力。当今世界的竞争说到底是人才的竞争。因此，国家需要创新型人才。习近平十分重视培养青少年学生的创新精神和能力。他于2015年6月1日在中国少年先锋队第七次全国代表大会上指出:人世间的一切成就,一切幸福都源于劳动和创造,时代总是不断发展的,等你们长大了,生活将发生巨大变化,科技也会取得巨大进步,需要你们用新理念、新知识、新本领去适应和创造新生活,这样一个民族、人类进步才能生生不息。从现在起,你们就要争当勤奋学习、自觉劳动、勇于创造的小标兵。

因此,我们学校的教学要非常重视培养学生的创造精神和能力。

(1)以转变教育观念为先导

第一,要树立以人为本的教学观,并以此指导课堂教学工作的开展。教师要以学生的发展为出发点,要尊重学生的主体地位,营造和谐、融洽的师生关系和课堂氛围,激发学生创新活力和热情。首先,教师要改变角色,做学生的朋友。在课堂上教师要亲切、温和,课后多与学生谈心,让学生觉得教师平易近人、和蔼可亲,这样学生就会由怕教师变为敬教师,就会向教师敞开心扉,乐意发表自己的想法。其次,教师要尊重学生的人格,允许学生发表不同意见,甚至给教师指出错误。对学生的缺点错误不能讽刺、挖苦,而要引导、鼓励学生,让学生成为学习的主人和学习的探索者,激发他们的创新活力,让他们享受独立思考的成果。

(2)以培养质疑善思为重要途径

古人云:"学起于思,思缘于疑",也就是说,一切创造从疑问开始,世界上许多发明创造都出自疑问,这是开启创新之门的钥匙。首先,教师要引导学生把教学各环节都作为培养创新思维的过程,如预习、复习和自学时,要提倡学生自己找出问题,自己解决;在上课时,要鼓励学生敢于标新立异,甚至异想天开,让课堂成为学生展示自我的舞台。教师还要采用各种方法开阔学生的视野,打通他们的思路,活跃他们的思维,鼓励他们大胆质疑,提出新颖独到的见解。

(3)以训练学生发散思维为重点

发散思维又称扩散性思维、辐射性思维、求异思维。它是一种从不同的方向、途径和角度去设想,探求多种答案,最终使问题获得圆满解决的思维方法。发散思维最大的好处是能充分发挥人的想象力,主要表现在两个方面:

第一,发散思维能突破原有的知识圈,通过知识、观念的重新组合,寻找更新更多的设想、答案或方法。发散思维是不依常规,寻求变异,对给出的材料、信息从不同角度,向不同方向,用不同方法或途径进行分析和解决问题的。一题多解的训练是培养学生发散思维的一个好方法。它可以通过纵横发散,使知识串联、综合沟通,达到举一反三的效果。

第二,发散思维是一种重要的创造性思维,具有流畅性、变通性和独创性等特点。例如,风筝的用途可以"辐射"出:放到空中去玩,测量风向,传递军事情报,作为联络暗号,用作射击靶子等等。这样的训练有助于学生更好地获得创新精神、创新思想。

实践证明，古今中外许多创造发明都与发挥发散思维分不开。例如，很多生产抽油烟机的厂家都在"如何能使抽油烟机不粘油"上下功夫，但绝对不粘油是做不到的，用户每隔半年左右还得清洗一次抽油烟机。美国有一位发明家却从相反方向去考虑问题，他发明了一种能吸附油污的吸油纸，贴在抽油烟机的内壁上，油污就能被纸吸收，用户只需定期更换吸油纸，就能保证抽油烟机干净如初。

有一位老师给学生出了一道智力测验题：用什么方法能使冰最快地变成水？一般人往往回答要用加热、太阳晒的方法，老师提供的答案却是去掉"两点水"。这样的教学方式很受学生欢迎。教师在教学中要注意打破思维定式。思维定式虽然能使学生在处理熟悉的问题时驾轻就熟，得心应手，但在需要开拓创新时，思维定式就会变成思维枷锁，阻碍新思维、新方法的构建，也阻碍新知识的吸收。

第五章

巧读锦上添花

要想在书海耕耘中取得成效,就必须讲究科学的方法和技巧。古今中外,许多杰出的哲学家、科学家、艺术家、作家在读书时,都是很讲究读书的方法和技巧的。如鲁迅先生就非常讲究读书方法,鲁迅提倡博采众家,说:"书在手头,不管它是什么,总要拿来翻一下,或者看一遍序目,或者读几页内容。"这样做有拓宽思路,增长知识等好处。对于较难懂的必读书,鲁迅表示要硬着头皮读下去,直到读懂钻透为止。鲁迅还提倡在"泛览"的基础上,选择自己喜爱的书深入研究。在研究中,鲁迅主张要独立思考,注意观察与实践相结合,"用自己的眼睛去读世间这一部活书"。可见,读书方法多么重要,如果没有正确的读书方法和技巧,就无法提高读书效率,甚至无法把书读好。

一、阅读的技巧

前人的经验是十分宝贵的,他们在书海耕耘中积累了许多有效的阅读方法，总结出许多读书技巧，归纳起来主要有以下几种。

1. 泛读

泛读，就是要广泛涉猎各方面的知识，具备一般常识。不仅要读自然科学方面的书，也要读社会科学方面的书，古今中外各种不同风格的优秀作品都应广泛地阅读，以博采众家之长，开拓思路。泛读的目的则是扩大知识范围，进一步提高捕捉信息的能力。常用的泛读方法有以下几种：

（1）扫读

在浏览全文的过程中，有意识、有目的地快速获取需要的信息或找到需要的细节，对无关紧要的内容可以一掠而过。

（2）猜读

阅读时，不因遇到个别生词而停顿去查字典，而是通过上下文快速猜测，判断某词的含义，不中断阅读过程，从而更快地了解文章的内容，提高阅读速度。

（3）悟读

在阅读中领悟词、句、篇的表层意思和深层意思，重视对标题、主题句、开头或结尾等部分的阅读和理解。

泛读的目的主要是培养学生的阅读能力。阅读能力包括理解水平和阅读速度两个方面。在阅读训练时，要在一定程度的理解前提下提高阅读速度，协调发展阅读速度和理解程度。

2. 精读

所谓精读就是朱熹所讲的"熟读而精思"。朱熹曾说:"大抵观书,先须熟读,使其言皆若出于吾之口。继以精思,使其义皆若出于吾之心,然后可以有得尔。"这里"熟读而精思",就是说,要细读多思,反复琢磨,反复研究,边分析边评价,务求明白透彻。只有精心研究,细细咀嚼,文章的微言精义,才能愈挖愈出,愈研愈精。可以说,精读是最重要的一种读书方法。精读的具体做法如下:

第一,快速浏览全文,了解文章大意。在这个层次你会发现一些疑问之处、喜爱之处、重要之处。

第二,重点阅读上一层次发现的疑问之处、喜爱之处、重要之处,可以大大加深你对此文章的理解。

第三,全面阅读。在前面的基础上,从头到尾再细细地阅读一遍,仔细推敲感兴趣的字词句,揣摩人物描写、感情刻画、内心描述等等,从而理解作者写此文的动机、手法、风格等。

3. 通读

通读就是指对书报杂志从头到尾阅读,通览一遍,意在读懂、读通,了解全貌,以求一个完整的印象。对教材的通读一般采取以下四个步骤:

第一，阅读教材目录，了解教材整体结构。教材目录是作者编写教材的总提纲，这些纲目通过作者有序地组织安排，形成教材的整体轮廓。目录所列章节的标题后都注有各章节的页码，通过阅读目录不仅可以了解各章节的起讫，还可以帮助了解各章节的主要内容以及它们之间的关系，对阅读正文有一定的指导意义。

第二，阅读前言后记，了解复习注意事项。序言、前言和后记，一般是说明编写教材的宗旨和经过，或介绍与评论教材内容的简短文章，特别是再版、修订版前言中的某些内容，对学习整本教材很有指导意义。

第三，通读教材正文，了解每章主要内容。经过通读，每章的主要内容及章与章之间的相互联系会在脑海里留下一幅总体"图案"。

第四，注重思考和标记，增强阅读的效果。通读过程中的思考方法，一是超前思考法，在阅读之前，先根据标题猜一下可能讲解的内容，然后通读全章；二是章末回顾法，即读完一章后快速回顾所讲解的主要内容，接着再阅读下一章。通读过程中可在教材上做记号，以便在精读时解决这些问题。

4. 跳读

所谓跳读，是指在阅读过程中先跳过某些暂不需弄懂的内容而阅读全文的一种读书方法。跳读可分为了解性和研究性两种。

第一，了解性跳读方法。该方法又可分两种：

一是抓纲带目法。具体做法：首先抓思路之纲，抓住作者的写作思路，不枝不蔓，把握全篇。其次抓中心之纲，阅读时，以抓中心大意为突破口，带动对全篇的理解。再次抓内容之纲，有些文章涉及面广、头绪多、内容杂，可抓住重点内容来促进对全篇的了解。最后抓写作之纲，抓住文章中成功的写作方法，去解全篇内容之"目"。

二是框架填补法。这个方法要求读者在不断阅读的基础上，构筑各种文体的结构框架，并力争使框架具有一定的概括性和普遍适用性，以便在阅读过程中，随时择取对应的合适内容，逐一填补框架。此跳读方法，要求读者在材料时，能根据填补框架的需要，快速指向关键词句，在瞬间把握要点。

第二，研究性跳读指向明确，目标单一，时效性强，是训练思维能力的好方法。研究性跳读的方法，也可分为两种。

一是扫读法。读者通过视线在书页上跳跃式搜寻，快速把握有关的信息，实现阅读目的。阅读时，读者视线可呈由上而下的直线移动或自左上而右下的斜线移动。这两种视线移动，由于改变了一般的由左而右的横视阅读习惯，因此，要进行有意识的训练。直线移动的训练方法：用右手食指沿着每行文字的最右端，由上而下做匀速移动，读者视线随手指的移动，做垂直搜寻，并尽量减少回视，以搜寻到解答疑问的内容为终点。斜线移动的训练方法：读者视线跟随右手食指的移动，斜穿书页或较长的段落，做到视线与手指同步，同时注意快速接收和处理信息，并根据需要调整移动速度。扫读法一般适用于搜寻某些具体的材料，解答一些事关局部的具体问题。扫读式跳读，由于只关注内容的一部分，对那些跳跃而过的内容，则要借助于联想、想象、推测来加以补充，这样就不至于"盲人摸象"了。

二是点读法。此法以段落为阅读单位，在段首、段中、段尾，呈跳跃式阅读，并快速综合，做出判断。段落作为相对独立的表意、写作的单位，都会有一定的中心大意，而提示这一中心大意的关键词句，常在段落的首尾，同时段落之间的过渡、衔接、承转也多在段落之首尾。因此，点读式跳读能快速地对段落的大意、段落之间的联系做出反应。

鲁迅先生读书经常使用"跳读法"。他认为，若是碰到疑问而只看那个地方，那么无论看多久都看不懂的，所以，要跳过去，往后看。跳读法的好处是可以节省时间，提高阅读速度，把精力放在对文章的整体和最重要的内容的理解上。

5. 速读

速读就是快速阅读，是从文字读物中迅速提取有用信息的高效读书方法。可采用以下几种方法：

第一，默读法。进行速读时，注意只"阅"不"读"，发音必将影响阅读速度。

第二，浏览法。即阅读时，阅读者的目光所接触的不是两三个词，而是完整的一句甚至更多。这种浏览的方法可快速了解一本书的大意。

第三，选读法。即有选择地读文章里的部分章节。读者仍应通观全文，但注意力主要放在挑选的部分。

快速阅读是提高阅读效率、培养自学能力的有效方法。快速阅读时应注意以下三点：

第一，要保持注意力的集中。快速阅读不只是求速度，还要理解内容，如果注意力不集中就很难保证在极短的时间内能够理解内容，更谈不上记忆和掌握。因此，阅读的速度越快，就越需要读者的注意力保持高度集中。这对于保证快速阅读的效率是非常重要的。

第二，提高整体识读的能力。阅读速度与阅读者的整体识读能力有着很直接的关系。逐字逐句读书的习惯使读者注视点增多，眼跳次数增多，势必影响阅读的速度。而如果将许多字词、一句或数句甚至一段作为一个整体来识读，就会大大减少注视点和眼跳次数，阅读速度也会提高。因此，在阅读中注意养成整体识读的习惯，也是提高快速阅读能力的一个重要方面。

第三，正确处理好阅读速度与理解、记忆的关系。我们所说的快速阅读，当然是在理解、记忆基础上的阅读。如果抛开了对所读材料的理解和记忆，而单纯追求速度，那这个速度即使再快也是没有意义的。因此，提高阅读的速度，一定要处理好速度与理解、记忆之间的关系。快速阅读必须以一定的理解水平、记忆水平为前提。

6. 再读

"再"字，一是表示又一次，有时指多次；二是表示重复或继续。所谓再读，是指有价值的内容，不能只读一遍，而要重复学习，"温故而知新"。再读的好处主要有两个方面：

第一，加深理解。俗话说，熟能生巧，温故而知新。这是学习的好方法。这就像人吃饭一样，人们不能仅靠一顿饭就使身体长胖长高，体质变好。学习读书也是一样，也必须靠反复学习，反复读。才能理解领会其中的真谛和精华。

第二，提高记忆。大家知道，人类大脑有左右之分，在左脑中发挥作用的是低速记忆，而在右脑中发挥作用的则是高速记忆。要增强记忆力就必须开发右脑，再读、多读、反复读，在加深对材料理解的基础上，有利于开发右脑，增强人们的记忆。记忆是以理解为前提的。因此，要强调先理解、后记忆，不要从一开始就逐字逐句地死记。

7. 写读

所谓写读就是把读与写有机结合起来，以读带写，以写促读，两者结合，相得益彰，共同发展，共同提高。古人云："不动笔墨不读书"，俗语也有"好记性不如烂笔头"之说。读书与作摘录、记心得、写文章结合起来，手脑共用，不仅能积累大量知识，而且能有效地提高写作水平，并且能增强阅读能力，将知识转化为技能和技巧。

在读书过程中，我们要把读和写自觉结合起来。这是一种良好的习惯，这种做法好处很多，它既能够帮助记忆，又有利于储存资料，积累写作素材，也有利于扩大知识面，提高个人的分析综合能力。写有两种形式。一是作摘录、写批注，包括评文字、析含义、议内容、谈感想、评写作方法等。二是写笔记，可以在把原文读通、读懂的基础上，抓住要点，然后把基本内容简明扼要地概括出来，也可以写心得，在读完一篇文章或一本书以后，将自己的感想和体会用自己的话写下来。

二、根据实际灵活运用

不同的书有不同的读法。有些书思想博大精深，需要精读，反复琢磨，细细体会。有些书非常浅显，只要粗读浏览就可以了。有些书是精华与糟粕混杂在一起，就需要在阅读时去粗取精，去伪存真。有些书充满了错误的观点和不合逻辑的论证方法，那就要进行批判阅读。有些书的内容低级下流，根本没有必要去阅读。有些人提倡"开卷有益"，认为什么书都可以看。其实，开卷有益必须以正确的读书方法为前提。要根据不同书的特点，采取不同的读书方法，才能做到开卷有益。

有这么一个故事，说的是古代鲁国的国王得到一只海鸟，他从来没有见过这种鸟，就把它当作神鸟。为了表示自己对神鸟的爱护和尊重，他吩咐把鸟供养在殿堂里，把宫廷里最美妙的音乐奏给它听，用丰盛的筵席款待它，可是鸟呢，却被吓得连一片肉也不敢尝，一滴水也不敢沾，只三天工夫，这只鸟就活活地饿死了。这个故事启示我们，不论做什么事都要具体分析，读书也不例外，读不同的书，阅读方法也各有区别，否则，尽管主观愿望是好的，也难免要失败。

1. 信息阅读法

这种阅读法的目的只是为了了解情况。我们阅读报纸、广告、说明书等可用这种阅读方法。读者可以一目十行，快速浏览，及时捕捉自己所需的内容，舍弃无关的部分。是否需要精读或停顿下来稍加思考，视所读的材料而定。

报纸是以刊载新闻和时事评论为主的定期向公众发行的印刷出版物，是大众传播的重要载体，具有反映和引导社会舆论的功能。报纸从诞生到今天已走过漫长的历史。公元前60年，古罗马政治家恺撒命人把罗马市以及国家发生的事件书写在白色的木板上，告示市民，这便是世界上最古老的报纸。

阅读报纸要注意以下几点：一是新闻具有时效性。建议养成查看报纸刊印时间的习惯，确保消息获取的准确性。二是选择热点栏目或者自己感兴趣的栏目进行阅读。对报纸内容进行初步筛选，可以节省大量阅读时间。三是阅读新闻标题。新闻标题是整篇新闻的浓缩，可以让人几秒之内就掌握一个新闻事实。四是阅读新闻消息的第一段。因为新闻稿的撰写通常采用倒金字塔结构，越重要的内容越在前面。尤其是第一段，基本上就是通篇新闻的梗概。五是有多余时间可以进行通篇浏览。后面的部分对事件进行细节展开，深入描述，在文章的最后，往往还会有新闻背景。

2. 文学作品阅读法

阅读文学作品除了欣赏内容之外，还要欣赏修辞和韵律。阅读文学作品，必须细细品味语言，才能了解作者的聪明才智、想象能力和写作技巧。

文学作品有三个特性：一是文学作品是在一定社会经济基础上形成发展起来的，是对一定时代社会生活的反映。二是它是用具体生动感人的形象，而不是像哲学、社会科学那样用抽象的概念去反映社会生活。三是它是语言的艺术，它以语言为工具来塑造艺术形象，反映社会生活。可见，文学作品是以语言为工具，以各种文学形式，形象地反映生活，表达作者对人生、社会的认识和情感，以唤起人的美感，给人以艺术享受的著作。

现当代文学主要有以下四大类：

第一，小说。根据篇幅的长短，小说分为长篇、中篇和短篇。按照内容的不同，小说可分为言情小说、历史小说、科幻小说、武侠小说、谴责小说、心理小说等。按照体例格式，则可分为书信体小说、日记体小说、章回体小说等。

第二，散文。有叙事、记人、状物、写景散文之分。根据内容表达方法的不同，散文可分为叙事散文、抒情散文、议论散文三类。

第三，戏剧。从戏剧的不同的艺术形式和表现手法，一般可分为话剧、歌剧、舞剧和戏曲等。

第四，诗歌。诗歌是一种抒情言志的文学体裁。根据表达方式的不同，可分为叙事诗和抒情诗。

3. 经典著作阅读法

阅读经典著作要像读文学作品一样慢，要对书中的一字一句都细加思索，捕捉作者的真正的用意，从而理解作品中的深奥哲理。经典作品是具有永恒性的，在历史的考验中，被广大求知者认可的作品。

古今中外，各个知识领域中那些典范性、权威性的著作，就是经典。

哲学经典著作包括：罗素的《西方哲学史》，尼采的《悲剧的诞生》和《查拉图斯特拉如是说》，叔本华的《作为意志和表象的世界》，康德的《纯粹理性批判》，黑格尔的《精神现象学》，海德格尔的《存在与时间》，休谟的《人性论》，卢梭的《社会契约论》，柏拉图的《理想国》等等。

马克思主义经典著作包括：《德意志意识形态》、《关于费尔巴哈的提纲》（1845年）、《哲学的贫困》（1847年）、《雇佣劳动与资本》（1847年）、《关于自由贸易的演说》（1848年）、《共产党宣言》（1848年）、《资本论》（1867年）、《反杜林论》（1878年）、《家庭、私有制和国家的起源》（1884年）等等。

经济学十大经典著作有：①亚当·斯密《国富论》。此书是现代经济学的奠基之作，也是最伟大的经济学著作之一。②道格拉斯·C.诺斯《制度、制度变迁与经济绩效》。③大卫·李嘉图《政治经济学及赋税原理》。李嘉图是伦敦交易所里成功的投机商人，又能在经济学理论领域做出不朽贡献。他阐明的比较优势理论是现代自由贸易政策的理论基础。④马克思《资本论》。⑤莱昂·瓦尔拉斯《纯粹经济学要义》。⑥欧文·费雪《利息理论》。⑦约翰·梅纳德·凯恩斯《就业、利息和货币通论》。凯恩斯被称为宏观经济学的奠基者。⑧阿尔弗雷德·马歇尔《经济学原理》。⑨保罗·萨缪尔逊《经济学》。⑩詹姆斯·M.布坎南、戈登·图洛克《同意的计算》。

研读经典著作，首要的是读懂经典著作的结构和内容。一是要了解和研究经典著作的时代背景。可以说，任何一部经典著作，都是对当时社会环境具体的历史的反映，只有对当时的社会历史环境有一个大体了解和研究，我们才能对经典著作产生客观的了解和认识。二是总览经典著作的前言、目录、后记。三是重点阅读和一般阅读相结合。经典著作思想深邃、博大精深，需要对原著精读细读，因为再好的阐述材料，也代替不了经典著作本身。一般阅读则是为了了解经典全貌、开阔视野、健全知识结构。两者结合起来，才能相得益彰。

三、巧读的基本原则

阅读方法多种多样，但贯穿其中最基本原则是认真、学思结合、运用，这是书海耕耘的关键。

1. 认真是巧读的前提

毛泽东曾说："世界上怕就怕'认真'二字，共产党就最讲认真。"认真表示无论做什么都要一丝不苟，精益求精，不能有半点马虎。读书也不能例外。古人认为认真读书，要做到"三到"，即心到、眼到、口到。其中，最重要的是心到。"三到"是朱熹提出来的，他说"余尝谓读书有三到，谓心到、眼到、口到。心不在此，则眼不看仔细，心眼既不专一，却只漫浪诵读，决不能记，记亦不能久也。三到之中，心到最急。心既到矣，眼口岂不到乎？"

如鲁迅读书，不喜欢死记硬背，更注重理解。他自己做了一张小小的书签，书签两端贴红色花纹，中间手书正楷小字："读书三到：心到、眼到、口到。"读书时，把书签夹在书页中，随着视线的下移，用书签盖住已读的文字，这样就不会看重或读漏,提高了读书效率。到考试时,别的同学昏头昏脑地又读又背,仍考不出好成绩,而鲁迅稍作复习,就能在先生面前流利地背完一年的课文。

　　同学们向鲁迅取经,鲁迅告以"三到"之法。最重要的是要专心致志,不能像老太婆念佛那样,有口无心,必须双眼看字,口头诵读,心中默记理解。不少同学都纷纷仿制"读书三到"书签。

　　一次,先生教学生做对子,以"独角兽"为题让学生对,同学们有的对"二头蛇",有的对"四眼狗",有的对"九头鸟"。而鲁迅根据学过的《尔雅》中的句子,以"比目鱼"作对,受到先生的称赞。

　　又一次,先生出了五字对:"陷兽入阱中",大家一时想不出来,鲁迅则根据《尚书》之句"归马于华山之阳,放牛于桃林之野",脱化出"放牛归野林"以对,先生更是赞赏不已。

　　鲁迅刻苦的攻读和用心的积累,为他以后的创作和研究奠定了基础。

　　又如,列宁读书时能做到高度集中思想,他读起书来,对周围的一切都理会不到了。有一次,他的几个姐弟搞恶作剧,用6把椅子在他身后搭了一个不稳定的三角塔,只要列宁一动,塔就会倾塌。然而,正专心读书的列宁毫未察觉,纹丝不动。他的几个姐弟足足等了半个小时,也没见塔倒塌。

　　再说毛泽东,他在青少年时代为了锻炼自己的注意力,就常到繁华闹市去读书,而且能不受周围环境的影响。什么是闹市?也就是街上最热闹的地方,譬如说菜市场,他每天都坐在那看书,以培养自己看书的静心、恒心,锻炼自己的意志,使自己在学习时心绪不受外界干扰,在任何时间和场所都可以很好地学习。

这几个故事充分说明,要想把书读透、记牢,必须高度集中注意力,做好"三到"。

2. 学思结合是巧读的基础

孔子在《论语·为政》中指出:学而不思则罔,思而不学则殆。这句话道出了"学习"与"思考"的辩证关系。只有二者紧密结合,才能经过"去粗取精,去伪存真,由此及彼,由表及里"的比较分析、归纳综合思维活动,获得真知灼见。

学与思两者是不可分割的,只读书不思考就是读死书的书呆子,只空想不读书就会成为陷入玄虚的空想家。两者都是无所作为的。学是思的基础,思是学的手段,学能引思,思能促学,学是"入书",思是"出书"。

学思结合就是要理解、消化知识就像吃饭一样,你吃了一大堆下去,肯定是需要消化的,如果不消化掉的话,那么你的身体就无法从这部分食物当中吸取到任何的营养。想要消化掉那些食物,你就需要花时间、花精力把食物嚼烂了才行。读书就像细吞慢咽地吃饭一样,要反复读,仔细读,勤于思,善于思。

那么如何理解、消化所学的知识呢？

第一，联系作者的情思，体察他的内心世界。

文以载道，写文章就是作者在表达思想、表达情感。每位作者都在通过一行行有生命的文字，向我们传递着自己的思想和志趣。所以，行走于作者的文字之间，了解作者，了解他写作的初衷、创作的背景，有助于我们理解这些文字传递的讯息，深入探求作者的内心感受，体会作者丰富深沉的情感。

第二，联系时代背景，体察社会历史。

作者想要言说的是他对客观世界、自然社会的独特认识，所以，我们需要联系时代背景，走到近处去体察。例如，读詹天佑的故事，如果不能联系当时国内外背景，以及各方人士对于修筑京张铁路的态度来看待詹天佑修筑铁路的毅力与决心，就不能真正理解故事背后的深意。

第三，联系已有经验，建构新的意义。

任何一个读者都不是以一个"空罐子"的身份开始阅读的，他的意识中必然存有许多现象经验，而这些经验是理解文本的宝贵资源。阅读时，如果能联系已有经验，及时打通陌生知识和已有经验之间的通道，就会有效建构新的意义，这才是高品质的阅读。

3. 运用是巧读的关键

毛泽东曾说，精通的目的全在于应用。应用就是把理论当工具看待，强调理论与实践相结合，用理论分析和解决现实问题。这是马克思主义的一个最基本的原则，因此，运用是我们有效阅读的关键。

（1）只有通过运用才能把书上知识变为自己的真知灼见

书本上的知识在运用（实践）之前，还是他人的经验，如果不在运用中加以消化，转化自己的素质和能力，那这种知识还是片面的、无用的。正是"纸上得来终觉浅，绝知此事要躬行"。那种把没有通过运用消化了的知识，当作现成的灵丹妙药，似乎只要得到它，就可以包医百病的行为，必然导致失败。

（2）只有通过运用才能证实知识的真理性

从实践是检验真理的标准来看，书本上的知识是否正确，是否是真理，必须到实践去，在运用中加以检验。因此，必须用书上的知识去联系实际。

从"地心说"到"日心说"，就是认识不断走向真理的过程。公元2世纪，天文学家托勒密提出地球静止在宇宙中心，日、月、星辰沿圆形轨道围绕地球旋转。在以后的一千多年里，"地心说"被世人奉为真理，后来更被教会所利用，成为上帝创造世界的理论支柱。

十五十六世纪，社会生产力的提高和航海事业的发展，推动了对天象的观测，人们对宇宙的认识开始发生革命性的改变。波兰天文学家哥白尼在他的著作《天体运行论》中提出了太阳中心说,他认为,地球不是宇宙的中心,太阳是宇宙的中心,行星都绕太阳运转,地球是围绕太阳运转的一颗普通行星,本身在自转着。哥白尼的"日心说"比较合理地解释了天体的运动现象,摧毁了地球居于宇宙中心是上帝安排的神学宇宙观,给宗教神学以沉重的打击。因此,引起教会的惊恐和不安。《天体运行论》也被教廷列为禁书。后来,意大利学者布鲁诺因坚持"日心说"并宣扬宇宙无限的思想,在1600年被教会判以火刑。

德国天文学家开普勒经过十几年的艰苦工作,发现了行星运动的三大定律:轨道定律、面积定律和周期定律。开普勒被称为"天空立法者"。

伽利略是近代科学史上的一位关键性人物,在人类对宇宙的探索方面起了重要作用。伽利略把自制的望远镜指向了天空,发现了月球上的山脉,发现银河是由许许多多的恒星构成的,发现了木星的四颗卫星,后来他又发现了金星的相位。这些发现为"日心说"提供了有力的证据。

牛顿是英国的天才科学家,兼长数学、天文学和物理学,最终他将哥白尼、第谷、开普勒和伽利略等人杰出成就统一起来,形成完整的体系。1687年,牛顿出版《自然哲学的数学原理》。在这本书中,牛顿证明了作轨道运动的物体如果遵从开普勒三定律,必然受到万有引力作用,反之亦然。他还提供了非常可靠的观测数据,用以说明行星绕太阳的运动,以及卫星绕行星的运动都符合开普勒第三定律。牛顿还讨论了潮汐现象、月球轨道、地球形状和彗星等问题。

"日心说"从被提出到最终为世人接受,期间的斗争一直持续了两个世纪,是科学史上具有划时代意义的观念革命。

(3)只有通过运用才能达到认识的目的

从实践是认识的目的看,阅读的根本目的在于运用。读书不联系实际,是没有任何作用的,理论知识不运用于实践,就没有任何价值。

那么,青少年在学习中,如何做到学与用、理论与实践、知和行的统一呢?一是要通过联系自身的实际,树立为实现中国梦而学习的崇高志向;二是培养高尚的思想品德,坚持社会主义核心价值观。三是勤奋学习,学好文化知识,打牢圆梦的知识基础;四是积极锻炼身体,增强体质;五是养成生活、学习、工作的良好习惯,保持旺盛的精力。总之,要联系自己的实际情况,提高思想觉悟,成为德、智、体、美、劳全面发展的中国特色社会主义事业接班人。

第六章

习惯决定命运

青少年在书海耕耘,不仅可以学知识、增才干,还可以培养兴趣、养成好习惯。美国著名心理学家威廉·詹姆士说:"播下一种行动,你将收获一种习惯;播下一种习惯,你将收获一种性格;播下一种性格,你将收获一种命运。"这就是习惯决定命运最精辟的论述。可见培养良好习惯,对青少年成长来说,是多么的重要。

一、习惯的内涵

我们先讲个"同为名将,命运却大相径庭"的故事。话说张飞和赵云同属于三国时期的名将。张飞字益德,幽州涿郡(今河北涿州市)人,三国时期蜀汉名将,官至车骑将军,封西乡侯,他与刘备情同兄弟。张飞以勇猛而著称,但他的习惯很不好,不仅喜欢酗酒,并且爱发脾气,动不动就骂人,常用鞭子抽打下属，结果在一次醉酒后，被其部下范强和张达所杀，致使"壮志未酬身先死"，多么可惜。

赵云，字子龙，常山真定（今河北正定县）人，他也是三国时期名将，功绩卓著，有勇有谋，文武双全。他有许多良好的习惯，为人低调、谦恭，待人友善和蔼，有什么好事总是先想别人，结果他受到上下级的普遍赞扬，功成名就。

张飞和赵云同为三国时期名将，其命运为何如此不同？究其原因，是习惯所致。既然习惯那么重要，那到底什么是习惯？

1. 习惯的含义

习惯从字义讲，习惯的习，即习性。繁体"習"字的结构是上羽下白。习的本义是指小鸟反复地试飞。小鸟学飞是有危险的，要么成功飞向蓝天，要么跌落地下。由此可见，"习"既有成功的希望也有失败的危险。习惯就是人们逐渐养成而不易改变的行为，它具有重复性。有人将习惯定义为：长期养成的不易改变的动作、生活方式、社会风尚等。从上述定义看出，习惯是通过不断重复或多次练习而形成的，习惯形成后就变为无意识的自动化的行为，具有相对稳定性，但在一定条件下，经过努力，它还是可以改变的。

习惯具有以下几个特点：一是自动化行为方式；二是在一定时间内逐步形成的，它与后天的条件反射有着密切的关系；

三是习惯不仅仅是自动化了的动作或行动，而且还包括思维、感情等；四是习惯能起到积极和消极的双重作用。

习惯作为人的行为方式，其内容极为丰富，如道德习惯、生活习惯、学习习惯、工作习惯等等，但归结起来可分为好习惯和坏习惯。好习惯是有益于自己、有益于他人、有益于社会的习惯，与此相反，就是坏习惯。

不同习惯必然产生不同的结果。良好的习惯为成功创造必备条件。大家可能都听过加加林成功从脱鞋开始的故事。

50多年前，苏联宇航员加加林乘坐"东方1号"宇宙飞船进入太空遨游了108分钟，成为世界上第一位进入太空的宇航员。加加林之所以能在20多名宇航员中脱颖而出，是因为一个好习惯。原来，在确定人选前的一个星期，主设计师科罗廖夫发现，在进入飞船前，只有加加林一人脱下鞋子，只穿袜子进入座舱。就是这个习惯使加加林一下子赢得了科罗廖夫的好感，他感到这个27岁的青年如此懂得规矩，又如此珍爱他为之倾注心血的飞船，把飞船交给他可以放心，于是决定让加加林执行这次飞行任务。

在日常生活中，有时候坏习惯会导致失败。有一家著名企业招募人才，对学历、外语、相貌的要求都很高，但由于薪水也很高，有不少高素质人才来应征，最后有三个年轻人凭着自己的努力，过关斩将，到了最后一关，由总经理亲自面试。当时，三个年轻人都认为，面试十拿九稳。没想到一见面，总经理却说:"很抱歉,各位,我有点急事,要出去10分钟,你们能不能等我?"三个人都说:"没问题,你去吧,我们等你。"总经理走了,年轻人一个个踌躇满志,得意非凡。他们围着总经理的办公桌看,只见上面堆满了文件。三个年轻人你看这一叠,我看这一堆,看完了还交换意见:"哎哟,这个好看。"

10分钟后,总经理回来了,说:"面试已经结束。""没有啊,我们还在等您啊。"总经理说:"你们刚才的表现就是面试。很遗憾,你们没有一个人被录取。因为,本公司从来不录取那些乱翻别人东西的人。"这些年轻人一听,顿时捶胸顿足。他们说:"长这么大,从来没听说过因为乱翻别人的东西的习惯就不录取的。"

可见,习惯是人生中的一柄双刃剑,好习惯会帮助我们轻松地获得快乐与成功;坏习惯会使我们的一切努力都付诸东流。

2. 习惯的力量

习惯是自动化的行为方式,习惯一旦形成,就会成为支配行动的强大力量。

习惯是长期养成的不易改变的行动方式,在绝大多数情形下,人们都对习惯习以为常,根本意识不到习惯在起作用。

英国唯物主义哲学家、现代实验科学的始祖培根,一生成就斐然。他在谈到习惯时深有感触地说:"习惯真是一种顽强而巨大的力量,它可以主宰人的一生,因此,人从幼年起就应该通过教育培养一种良好的习惯。"

1998年,世界巨富比尔·盖茨和沃伦·巴菲特应邀到华盛顿大学演讲,当学生们问"你们怎么变得比上帝还要富有"时,巴菲特回答:"非常简单,原因不在于智商。为什么聪明人会做一些阻碍自己发挥全部功效的事情呢?原因在于习惯、性格和心态。"比尔·盖茨也表示十分赞同。由此可见,很多成功人士都非常看重习惯的作用和影响。

习惯对于人的发展的意义,还可以用"木桶理论"进行解释。木桶理论认为,一只木桶盛水多少,取决于最短的木板,而不取决于最长的木板。人的发展同样如此,失败往往由于自己的某种缺陷所致。因此,帮助孩子从小培养良好的习惯,就是为孩子未来的成功人生打下坚固的基石。

3. 教育的根本任务

我国著名教育家叶圣陶说:"什么是教育,简单一句话,就是养成良好的习惯。"培养好的习惯是我们进行素质教育的关键所在,为什么说教育(素质教育)实质上就是培养良好的习惯呢?

爱因斯坦曾风趣地说,如果人们已经忘记了他们在学校里所学到的一切,那么剩下的就是教育。那剩下的是什么呢?当然是在学校里养成的习惯。近代英国教育家洛克也说,儿童不是用规则教育就可以教育好的,规则总是被他们忘掉。你觉得他们有什么必须做的事，你便应该利用一切时机，给他们一种不可缺少的练习，使它们在他们身上固定起来。这就使他们养成一种习惯，这种习惯一旦养成以后，便不用借助记忆，很容易、很自然地发生作用了。

良好的习惯可以内化为人的素质，对他一生的行为产生影响，成为他一生持续发展的力量。

青少年时期是人的生理、心理发育、变化的重要时期，正是培养良好习惯的最佳时期，因此，我们在推进素质教育的过程中，要重视培养青少年的良好习惯。

二、阅读习惯益终身

阅读是阅读主体对读物的认知、理解、吸收和应用的复杂的心智过程，是现代文明社会人们所不可或缺的智能活动，是人们从事学习的重要途径和手段之一。阅读习惯是人们在阅读实践中形成的具有重复性的自动化的阅读行为，良好的阅读习惯应是多读、勤思、勤记和善用。

心理学家和教育学家都认为，良好的阅读习惯使人终身受益。而青少年时期正是培养良好阅读习惯的最佳时期。

一些家长和老师很看重孩子的学习成绩，为了孩子的长远发展，请不要过分在意孩子的成绩，而应该注重培养孩子全方面的能力，让孩子在青少年时期养成良好的阅读习惯，让孩子受益终生。

1. 阅读的重大作用

（1）对幼儿的影响

第一，发展语言能力。要引导幼儿接触优秀的儿童文学作品，使之感受语言的丰富和优美，并通过多种活动帮助幼儿加深对作品的体验和理解。可以利用图书、绘画和其他多种方式，引发幼儿对阅读和书写的兴趣。

第二，提高幼儿的观察力、想象力、理解力。幼儿正处于具体形象思维阶段，幼儿的读物以绘本为主。幼儿在阅读绘本时，首先要观察，然后依靠想象、逻辑思维进行加工，才能理解画面的意义。

第三，有利于帮助幼儿开阔视野，丰富知识。幼儿对生活环境中的一事一物，有着强烈的求知欲望，常以好奇的心态去发现疑难问题，寻找答案，不断地对成人发问。家长应耐心地解答孩子的疑问，切不可粗暴地加以制止或敷衍了事，可陪同孩子一起去书中查找资料。图书中含有丰富的知识，大量的信息，可弥补课堂教育内容的局限性，使孩子开阔眼界，增长知识。

（2）对小学生的作用

现在的小学生除了学校的文化课以外，一般还会上特长班。其实，在我看来小学生最应该培养的是阅读习惯。

第一，阅读可促进小学生的智力发展。当孩子在阅读的时候，大脑始终处于高速的运转当中，遇到问题时，会主动地思考。经过一段时间的阅读，孩子会形成缜密的逻辑思维。研究表明，小学生的智力发展主要是通过阅读、写作和计算三种基本训练来实现的。因此，持续不断地开展阅读，对小学生发展智力，无疑会起着巨大的作用。

第二，提高领悟语言文字的能力。语感是一种文学修养，是人们在对规范语言的感受和运用中形成一种带有经验色彩的比较直接迅速的感悟领会语言文字的能力。朗读就是对语言的直接感受。好的文章应该尽量让小学生通过朗读来理解和领会。语言的准确、形象、生动通过朗读才能更充分地体现出来。通过朗读，学生可以了解词句的各种结构，掌握语言的节奏。一篇词汇丰富、语言精彩的文章如果能反复朗读，达到朗朗上口、熟读成诵，文章的语言就会变成自己的语言，成为自己的储备和财富。一旦用到这些词汇、句式、表达方法时，就自动会涌上笔端，学生运用语言的能力自然会大大提高。

第三，读书可增强孩子的交际能力。拥有良好阅读习惯的孩子，其丰厚的知识、缜密的逻辑思维和无形的气质，都让这个孩子在与人交往的过程中游刃有余。经常接触各类图书的孩子，在交际的过程中，会非常愿意去与人分享书中的内容。而不常读书的孩子，因为语言组织能力差、知识面窄，会越发变得不愿与人交流。尤其是在互联网时代，家长们更应该警惕电子产品给孩子带来的危害，一定要让孩子形成多读书、爱读书的好习惯。

(3) 对中学生的意义

广泛的课外阅读是学生搜集和吸取知识的一条重要途径。课外阅读不仅对学生的学习有着重要作用,对学生树立正确世界观、人生观也有着重大影响。

第一,对语文学科的学习有重要影响。课外阅读是语文学科学习的重要组成部分。语文学科与其他学科的学习不同,要学好语文,仅仅靠课堂中学到的一点知识是远远不够的。语文学科学习不是课堂上分析几篇经典课文、考试之前再讲评几份试题就够了,而应该有一个在课外大量地、长期地读书的过程,没有课外阅读,语文学科学习会成为孤岛,只能受限于有限的资源,而无法形成宏大的知识体系。

第二,对其他学科学习也很重要。苏联教育家苏霍姆林斯基曾说:"让学生变聪明的方法,不是补课,不是增加作业量,而是阅读、阅读、再阅读。"有人观察发现,一名善于思考的学生,在阅读上所花费的时间,大约只有三分之一用于阅读教科书,其余三分之二的时间都是用在阅读非必修的书籍上,也就是课外阅读上。通过课外阅读,学生的思维被激发了。课外阅读有助于记忆力的保持与提高。记忆力是智力的重要组成部分,是学习的必要前提和基础。另外,课外阅读对课堂上的有关知识进行了延伸,为课堂学习提供了知识背景。

第三,课外阅读对学生世界观的形成具有重要意义。中学时代,学生不仅具有旺盛的求知欲、较强的接受能力,同时他们的价值观、人生观也在逐渐地成熟。读一本好书就像和高尚的人谈话。读好书，特别是一些好的人文书籍对于学生的世界观、人生观的形成有极其重要的意义。学生可以通过阅读来自我反思、自我提升，养成内省和深思的习惯。

2. 好习惯一生受益

好的习惯可以成为成才的"催化剂"，而坏的习惯则可以毁人一生。

习惯是长期养成不易改变的自动化的行为方式，具有相对稳定性。有专家认为，行为习惯就像我们身上的指南针，指引着我们的行动。纵观历史，大多获得成功的人，都长期坚持一些良好行为习惯。鲁迅先生从小就养成不迟到的习惯，他要求自己抓紧时间，时时刻刻地叮嘱自己凡事都要早做，这样长时间地坚持下去，就成了习惯了。他在中国乃至世界文学史上留下了辉煌的成绩，与他的好习惯不无关系。

习惯十分神奇，具有巨大的力量，不好的习惯必须尽早革除。一位老师与他年轻的学生一起在树林里散步。老师突然停下来，并仔细看着路边的四株植物。第一株植物是一棵刚刚冒出土的幼苗；第二株植物已经算得上挺拔的小树苗了，它的根牢牢地盘踞在肥沃的土壤中；第三株植物已然枝叶茂盛，差不多与年轻学生一样高大了；第四株植物是一棵高大的橡树，年轻学生几乎看不到它的树冠。

老师指着第一株植物对他的学生说:"把它拔起来。"学生轻松地拔出了幼苗。"现在,拔出第二株植物。"学生听从老师的吩咐,略施力量,便将树苗连根拔起。"好了,现在,拔出第三株植物。"学生用一只手进行了尝试,然后改用双手并全力以赴。最后,树木终于倒在了筋疲力尽的他的脚下。"好的。"老师接着说道,"去试一试那棵橡树吧!"学生抬头看了看眼前的橡树,想到自己刚才拔那棵小得多的树木时已经筋疲力尽,所以他拒绝了老师的提议,甚至没有去做任何尝试。

其实,我们的坏习惯就像是故事中的植物一样,在"幼苗期"很容易拔除,而随着时间的推移,坏习惯越是根深蒂固,越是难以根除。

曾有记者问一位获诺贝尔奖的学者:"你在哪所大学学到了你认为最重要的东西?"出人意料的是这位白发苍苍的学者回答:"在幼儿园!""在幼儿园学到什么?"他回答:"把自己的东西分一半给小伙伴,不是自己的东西不要,东西要放回原处,做错了事情要表示歉意,午后要休息,要仔细观察大自然,我学到的东西就这些。"起初,人们感到纳闷,在幼儿园学到的这么简单的习惯,怎么会影响这位科学家这么深远呢?其实,这其中的奥秘,实在不简单。

"把自己的东西分一半给小伙伴",这是多么宽阔的胸怀呀,自己的研究成果,自己的发现,能让同事分享,他的人际关系肯定好。"不是自己的东西不拿"就是要胸怀坦荡,遇事多为别人着想，不贪图私利，这种人一定受人喜爱。"做错了事情要表示歉意"，人非圣贤，孰能无过，有过改之，并向受害者表示歉意，真诚实在，有这样的处事态度谁还会因你的一点过失而不依不饶呢？这样的人必然是会虚心学习他人之长，不专横不固执，永远虚怀若谷，一生不断吸取营养，完善自我的人，同时也是善解人意，宽以待人的人。

"仔细观察大自然"，就是要认真学习，观察事物要仔细、深入，只有这样才能不断进步，有所创新，有所发展。"东西要放回远处"会带来高效率，一切用品放置井然有序，效率自然更高。每一天如此，人生这辆"汽车"肯定跑在众人之前。"午后要休息"，是说生活要有规律，做到身体健康、精力充沛。

这位诺贝尔奖获得者在幼儿园养成了这些好习惯，并且长期坚持，从而学习不断进步，研究工作不断创新，最终取得巨大成就。由此，我们不难看出，培养良好习惯的重要性。

三、良好阅读习惯的培养

良好的阅读习惯并不是自然而然就能养成的，需要有意识地培养。

1. 兴趣是培养的前提

兴趣是人认识某种事物或从事某种活动的心理倾向，它是以认识和探索外界事物的需要为基础的,是推动人认识事物、探索真理的重要动机。兴趣会对人的认识和活动产生积极的影响。

兴趣是最好的老师。学生对阅读的兴趣,是培养良好阅读习惯的前提。学生有了阅读兴趣,就能从内心深处对阅读产生主动的需要,把老师、家长"要我学"转化为"我要学",变被动为主动。

如果人们吃饭没有食欲,勉强地把食物吞下,只会引起恶心和呕吐。反之,如果在饥饿的情况下,把食物吃到胃里去,那它就会乐意接受,并很好地消化食物。同样,有了兴趣,孩子就会千方百计地去动脑筋,有了深厚的兴趣,才能给孩子原动力,促使他们热爱学习,积极探索,敏锐观察,牢固记忆。

人的兴趣不是天生的,它是在客观环境的影响下和主观需要的基础上,通过社会实践形成与发展起来的。培养青少年的阅读兴趣需要家长、老师的引导。

第一,选择"好看"读物。家长、老师可根据孩子的年龄特点和知识掌握的水平,帮助孩子选好书。一般地说,年幼的孩子的思维主要是具体的形象思维为主,因此,年幼的孩子应多选择直观、形象的连环画或是图文并茂的图书。书的内容应该跟孩子的生活联系密切,或是他们比较熟悉的。随着孩子认知能力的提高,再提高阅读要求,拓展阅读领域。逐步可以选择一些逻辑性、说理性较强的读物给孩子阅读。

第二，根据孩子善于模仿、好奇心强的特点，采取多种形式，激发孩子阅读的兴趣。少儿最爱听有趣的故事，老师可选择益智、有趣、充满幻想的故事作生动形象的讲述，引导他们自己去阅读。在课堂教学中，老师可有意识地向学生介绍名作家及其代表作、有关的奇闻逸事，激发学生的阅读兴趣，鼓励他们去更多地了解有关知识。平时，教师可以有意识地讲述关于名人阅读的故事，进行教育。还可以及时表扬班里喜爱阅读，写作水平进步较大的同学，请他们谈课外阅读的收获，以激发学生的阅读兴趣。

第三，教师应加强指导，帮助学生树立起阅读兴趣。要让学生热爱读书，教师首先要爱读书。教师不仅要读经典作品，还要多接触少儿报刊、图书等，根据学生的喜好推荐适合他们阅读的读物。对学生的阅读喜好不能简单地否定或批评，而要相信学生，给他们以阅读的自由，再抓住时机，巧妙引导。

同时，教师要解放思想，摒弃那些阻碍学生发展的陈旧的教学观念和教学方法，开放课堂、教材，将教学向课外延伸，向社会延伸，向各种传媒、网络延伸，使之与时代发展相适应。

2. 环境是培养的基础

古人言："近朱者赤，近墨者黑。"讲的是一个人的成长与周围环境有很大关系。孟母三迁就是典型一例。孟子小时候家里很穷，家里只有几亩薄田，父亲早逝，家里全靠母亲纺线织布生活。孟子家不远处是一片坟地，总有送葬出殡的人家在那里吹吹打打。孟子看了以后回来就学人出殡打幡、哭丧祭拜。孟母非常担忧，小孩子从小就学这些事，将来怎么得了呢？于是决定搬家，搬到了集市旁。孟母的原意是让孟子多长一些见识，开阔眼界。但孟子从集市回来不是用棍子挑两块石头学卖菜，就是用木头当作刀子学杀猪。孟母很担心，于是决定再次搬家。这一次孟家搬到了一个学堂的隔壁，周围都是读书人。孟子每天看到上学的人举止文雅，落落大方，也学着读书演礼，孟母这才放下心来。孟子十分聪明，而且学习刻苦，终于成为道德高尚、学识渊博的亚圣。

孟子以后之所以能好好学习，就是因为"三迁"之后有个良好的学习环境和氛围，如果仍然在坟场和集市旁居住的话，他也许一事无成。同样，要培养青少年良好的阅读习惯，离不开营造良好的阅读环境和氛围。而最理想的环境就是充满书香的家庭和校园。

营造良好的阅读环境和氛围，首先要加大对课外阅读资料的投入。让孩子随时随地有书可读，学校应当建立图书室，班级可建立图书角，让学生课余时间有书可读，有条件的家庭可以建立图书架，购买一些适合的书籍，让孩子节假日有书可读。同时，老师可为学生制定读书计划和要求，在班级内举办一些读书知识竞赛、故事会等活动，激励学生互相交流，共同进步。

教师应该成为阅读的先锋。阅读能让教师开阔教育视野和教育境界，更新教育观念和教育方式，提升专业素养。但据调查教师中每天读书超过 2 小时的人不足 20%，一本教案走天下的教育观念和教育思想还非常普遍。一些教师还是把学生的视野限制在课堂和教材中，根本无从激发学生对阅读的兴趣。

教师应该调动自身阅读优势，创建动情的、个性化的阅读课堂，用自身阅读来引领学生阅读；应该充分发挥课堂主渠道作用，倡导阅读风气，用课堂的阅读引领课外阅读。比如，有的教师以评书的形式组织教学，讲"武松打虎""草船借箭"等精彩故事，常常让学生们舍不得下课，进而引领他们走进四大名著。

在学校要有阅读氛围，在家庭里，也同样要营造一种适合阅读的环境。家长应该给孩子提供一个安静的阅读环境，至少在孩子的阅读时间段内给他们一个安静的环境，如果家长在打牌、看电视、玩网络游戏，怎么让孩子静下心来阅读呢？现在很多家长没有阅读的习惯，家里很少有适合孩子阅读的好书，这样不利于孩子形成良好的阅读习惯。所以家长要结合孩子兴趣添置一些书刊，让家里充满书香味；同时，家长要以身作则，给孩子做出阅读的榜样，与孩子一起阅读，也可以与孩子一起讨论书中的问题，分享书中的快乐。

为了帮助学生养成良好的阅读习惯，很多学校开展了形式多样的"亲子共读"活动，这些活动倡导父母也投身于培养子女阅读兴趣的教育中来，提倡家长们利用闲暇时候、节假日与孩子一起多读书，读好书。家长参与读书，对孩子形成良好的读书习惯起了一个很好的示范作用。

3. 方法是培养的关键

联合国教科文组织指出，21世纪的文盲不是不识字的人，而是不会学习的人。方法是我们征服未知的工具，伐木工人用斧头一上午只能砍一棵大树，但用电锯十分钟就解决了，如果我们缺乏科学的方法，即使再努力也不会取得好成绩。因此，在阅读过程中一定要重视掌握正确的方法，以便达到事半功倍的效果。

（1）明确阅读目的

美国著名学者诺·波特指出："谈到读书，首先应该明确目的，对读书的目的认识得越清楚，读书的信心就越坚定而持久。"所以让孩子明确读书的目的实在是阅读的第一要事。在阅读时要明白：我为什么要读这本书？应该怎样来阅读？我要用多少时间来阅读？这样目的明确了，不仅增强了阅读动力，也为计划的制定、读物的选择、方法的选定等一系列问题找到了根据。

（2）四个"结合"，提高效率

第一，精粗结合。阅读的内容要广博，在博览群书的基础上，又要突出重点，加以钻研，因此，必须采取精读与粗读结合的方法。如果说精读是"精雕细琢",那么粗读便是"走马观花"。要根据实际需要而灵活运用。如看《水浒传》,若要看故事情节发展,可快速浏览,若要看塑造人物的手法,则可细细品味动作、语言、神态、肖像等的描写。不同的阅读内容可采用不同的方法,一般报刊可大致浏览,知其大意;文学名篇可仔细揣摩,精读品味。

第二,学思结合。阅读的核心是思考。如果阅读时不开动脑筋,积极思考,你就算读完所有的书,也不会有所得。因此要让孩子养成读思结合的习惯,通过与文本的对话,与作者的对话,与文中人物的对话,达到心灵的沟通,精神的共鸣。在阅读中张开想象的翅膀,大胆想象,多方质疑。阅读完后,还要掩卷而思,看看自己究竟有何心得和体会。

第三,读写结合。俗话说:"好记性不如烂笔头。"读写结合,既有利于消化知识,也能增强记忆。因此,古人云:"不动笔墨不读书。"阅读时要养成记笔记的习惯。记笔记的形式多种多样,如摘录好词好句,概括主要内容,写读后感,还可以直接在书中圈点勾画批注。

不动笔墨不读书是毛泽东读书的一大特点。在他所读过的书中,有很大一部分都留下了批、画、圈、点的标记。他的批注可分为"文字批语"和"读书符号"两大类。凡是书中有空的角落,都成了他书写精深批语及感想的地方。他的批注既有对原文的提要、归纳及发挥,又有对原文观点的质疑,更有他独特的见解。他这种读写结合的经验，很值得我们学习和效法。

第四，课内课外结合。课堂内阅读材料有限，如果没有课外阅读作补充，不利于培养学生的阅读兴趣，提高阅读能力，形成阅读习惯。因此，老师应该向学生介绍与教学内容相关的课外书，让学生去阅读，并指导学生怎样读。

（3）做到两个"坚持"

习惯是长期养成的不易改变的行为方式。在培养良好阅读习惯时，必须做到两个坚持，才能达到预期目的。

第一，坚持一定数量的阅读。质变要有量变的积累，如果没有一定数量的阅读，良好的阅读习惯就无法养成。阅读量越多，良好阅读习惯的形成就越快，效果也越好。

第二，坚持长时间阅读。行为心理学研究表明，一种行为重复21天会形成习惯，重复90天就会形成稳定的习惯。因此，培养良好的阅读习惯必须坚持连续性和长期性，要坚持每天安排固定的阅读时间，持之以恒，就能形成良好的阅读习惯。

第七章

善用两种媒体阅读方式

互联网时代，由于出现了新媒体，人们的阅读方式发生了新的变化，从而增加了青少年书海耕耘的复杂性和难度。我们有必要弄清新媒体的来龙去脉，新媒体与传统媒体的各自特性及其相互关系，从而更好地在互联网时代进行两种形式的阅读。

一、传统媒体与新媒体

新媒体是相对传统媒体而言的，并在其基础上出现，它是媒体的变革，是时代的重大进步。因此要了解新媒体就必须首先对传统媒体做个简要介绍。

1. 什么是传统媒体

（1）传统媒体的定义

媒体就是信息载体。传统媒体是相对于近几年兴起的网络媒体而言的，是指通过某种手段定期向社会公众发布信息或提供娱乐平台的媒体,如报纸杂志、广播、电视等。

(2)传统媒体的特性

传统媒体具有两重性,既有优势又有不足。

第一,传统媒体的优势。传统媒体的优势很多,最突出的有三个方面:

一是在内容上,生产能力强,质量高。新媒体虽然抢占了传统媒体的部分市场,但大量原则性的首发报道仍然来自传统媒体。据美国一项研究称,通过对数百万博客和社会媒体的分析发现,80%的链接来自美国传统媒体公司;网站内容中仅14%为原创,67%的热门新闻来源于传统媒体;网站工作人员中13%的人是信息收集管理员,专门收集传统媒体的新闻。同时传统媒体在新闻报道的深度、广度、高度方面是新媒体所不能比拟的。

二是具有较为完善的新闻传播理念和运行机制。早在20世纪中叶,西方社会为解决传统媒体在新闻报道中的浅薄化、刺激化、煽情化的问题,逐渐确立了新闻专业主义,内容可概括为:传媒是社会的公器,新闻从业者是社会的观察者和事实的报道者,是信息流通的把关人,传媒以实证科学的理性标准评判事实的真假,它服从于事实,而不是单纯为某一政治或经济集团服务。为了贯彻这些原则和理念,在发展过程中传统媒体已建立了较为完善的运行机制,如设立新闻评议制度,创立专业协会、制定行为准则等。

三是拥有强大的品牌优势。媒体的品牌代表着一种超越时空的品位和文化，一个好的品牌能够锁定忠实的受众，影响未来的受众。传统媒体大都经过了长期的经营和发展，在受众中享有不同程度的知名度和影响力，其所具有的品牌效应是新媒体在短时间内无法超越的。特别是面对当前传媒产业的纷繁复杂、产品多样且供大于求的媒体市场格局，传统媒体的品牌在受众中的公信力与吸引力，就宛如传媒市场中一块耀眼的金字招牌。

总之，尽管新媒体抢占了部分市场份额，但是传统媒体拥有优于新媒体的人才、资源、权威性及品牌等优势，而这些也是传统媒体的立身之本。要在新兴的传媒产业中握有主导权，传统媒体必须在今后的发展中不断地巩固，完善自身的传统优势，打造自己的核心竞争力，方能在网络时代立于不败之地。

第二，传统媒体的不足。传统媒体虽然有强大的优势，但也有其不足之处，具体表现如下：

在报纸方面，报纸是以文字传播为主，记者在报道复杂的新闻事件时大多采取单一的、线性的报道方式，对客观的新闻事实需要做抽象概括，难免与客观真实有所差距；受版面限制，新闻信息的容量有限，只能截取最有新闻价值的，迎合大多数人阅读取向的信息，因而缺乏个性化，不能全面满足受众的阅读需要；受出版时间的限制，新闻的更新速度只能以"天"为单位，虽然可以以"号外"的方式补充重要的新闻信息，但在现在这个信息时代，报纸的新闻时效性和新闻含量远落后于网络；受发行量和地域的限制，报纸的新闻源和传播覆盖面有限；印刷的报纸存储烦琐，检索查询更是劳心费力。

在广播方面，广播主要以声音传播为主，声音稍纵即逝，不便于听众记忆和保存；在视觉上缺乏直观、生动的形象；广播是线性的传播方式，听众只能按照广播电台的播出顺序收听，而且不能反复；电台发射的电波频率受天气、接收方位等条件的干扰，影响受众的收听效果。

在电视方面，电视虽具备了声画结合的特点，但其表现形式仍不够丰富，而网络则使新闻的传播可以结合文字、图表、图片、声音、视频、动画等多种形式；电视新闻受节目时间的严格限制，只能在规定的节目时间内传播信息；电视和广播一样，是线性的传播方式，观众不能反复收看。

另外，这三大媒体在信息传播的过程中都是单向传播的，即新闻机构向受众传播，没有受众的信息反馈这一环节，受众只能被动地接受信息，而缺少公开就信息发表意见的途径。

2. 什么是新媒体

（1）新媒体的含义

新媒体这一概念最早是由美国哥伦比亚广播电视网技术研究所长 P. 戈尔德马克于 1967 年率先提出。他在一份关于电子录像的报告中，使用了"新媒体"一词。1969 年，美国传播政策总统特别委员会主席 E. 罗斯托在向尼克松总统提交的报告中多次使用"新媒体"一词。从此，这一概念逐渐在全世界流行起来。新媒体是基于传统媒体形成的新一代信息传播手段，是在传统媒体比如报刊、广播、电视等的发展中逐渐演变出来一种新的媒体形态，融合了现代互联网技术及无线通信技术，信息终端包括现在逐渐普及的电脑、人们日常使用的手机通信工具和数字电视，新媒体通过这些工具向人们传递丰富的新闻信息以及娱乐服务。

那么什么叫作新媒体呢？许多专家认为，现在要给它下准确的定义还不够成熟，但一般认为，所谓新媒体就是指在新的技术支撑体系下出现的媒体形态，如数字杂志、数字报纸、数字广播、数字电视、手机短信等。

（2）新媒体的特征

新媒体的出现是基于传统媒体发展的，新媒体利用互联网高效传播的优势，在新的时代背景下得以快速发展，对比传统媒体，新媒体具有以下几个方面的特征：

第一，开放性。新媒体是利用互联网技术以及无线通信技术实现信息的传递，发表言论门槛较低，人们可随时随地在互联网上发布言论。新媒体对信息基本上采取来者不拒的态度，对言论几乎不做筛选，这体现新媒体的开放性，也造成信息的真实性降低，而且存在大量的网络暴力现象，这对网络信息安全产生危害。

第二，传播渠道多元化。电视、报纸、广播等传统媒体在信息的传播上往往采取单一的传播手段，新媒体借助现代人常用的手机、电脑等实现了信息的多手段传播，并且信息形式多种多样，这种多元化的传播手段为人们及时接收信息提供便利。

第三，共生与交互功能。新媒体的共生与交互功能体现在信息传播者与接收者这两个基本概念上，在新媒体环境下，受众既是信息的传播者又是信息的接受者，传播者与受众的界限基本不存在。新媒体的这种交互特性赋予了受众更大的权力，他们的言论及反馈有时甚至能影响某个事态的发展。

第四，传播速度快。新媒体传播迅速是其重要特征。新媒体只需依托简单的发布平台就能将信息迅速发送出去，借助互联网的高速传播功能，信息能迅速到达世界各地。这对比传统媒体而言，新媒体信息发布的制约性更小，发布流程也更简单，因此，新媒体在信息发布上通常具有"同步"的特性，即信息发布与事件的发生接近同步。

第五，传播过程扁平化。信息传播的扁平化即减少信息传递的中间过程，实现信息传播者—接受者直接传递的功能，减少中间环节对信息的干扰。

二、"融合"才是总趋势

1. 新媒体对传统媒体带来冲击

新媒体突破了时空的限制，表现出极大的开放性。每一个普通人可以平等地共享网上信息，在世界任何地方，只要有计算机或手机，只要能与互联网接通，就可以获取发生在世界任何一个地方的信息。正是由于新媒体能及时、广泛地传播信息，并且具有交互性和开放性等诸多优势，因此，获得了突飞猛进的发展。新媒体的发展对传统媒体形成巨大冲击。据统计，互联网出现后，美国电视观众减少了30%，出租录像机生意减少了13%，广播收听率下降了25%，报纸发行量下降了7%。而另一方面，互联网出版发行量增加7%。互联网使用人数也直线上升，1999年12月底为2.5亿，21世纪之初已超过5亿人。互联网出版业的广告收入也大幅增长，美国互联网广告收入1998年为20亿美元，1999年为44亿美元，到2003年达110亿美元，超过杂志和电台广告的总收入。

新媒体的崛起，严重影响传统媒体发行的增长，同时随着营销价值的提高，新媒体还将继续分流传统媒体的广告收入。种种现象和数据都表明，新媒体正在"抢钱、抢人、抢地盘"，传统媒体面临着一个危机四伏的局面。尤其是纸质媒体受到冲击更加严重。

2. 新媒体无法取代传统媒体

面对新媒体迅猛崛起的态势，不少人担心，这样发展下去，传统媒体是否会消亡，最终被新媒体取而代之。有的悲观论者认为新媒体代替传统媒体乃是必然趋势。因为，新媒体以其自身的巨大优势更能适合现代社会发展的需要，互动、免费、即时的特点为广大受众所喜爱。但绝大多数人认为，新媒体绝不会也不能代替传统媒体。

当今时代，虽然新媒体给传统媒体带来了极大的冲击，新媒体具有的交互性使传播变得更加平等和自由，同时新媒体可以形成强大的公共舆论，为民主政治建设开辟民主监督的新途径。但是，新媒体虽有优势，但也不是十全十美，仍不足以取代传统媒体。

第一，新媒体发展太快，很多东西来不及沉淀及反思，各项机制体制尚未完善，绝大部分新媒体没有形成成熟的商业运作模式。

第二，内容资源是传统媒体引以为豪的核心竞争资源。由于自身真实可靠性不足和受政策的限制，新媒体在内容上相当依赖传统媒体。

第三，新媒体还存在一些比较致命的弱点。比如公信力弱、信息泛滥、侵犯隐私现象严重等等。新媒体还存在安全问题，如病毒、黑客等。这些缺陷是其发展道路上的阻碍。

第四，新媒体需要受众付出大量时间成本来筛选信息，网络上海量的免费信息实际上增加了受众的负担，受众依然要通过一些定位清晰、具有良好信誉的传统媒体来获得关键的信息和指引。

3. 融合发展才是出路

"媒体融合",最早由美国计算机科学家尼古拉斯·尼葛洛庞帝提出。

"媒体融合"是信息传输通道的多元化下的新模式,是把报纸、电视、广播等传统媒体,与互联网、手机、手持智能终端等新兴媒体传播通道有效结合起来,资源共享,集中处理,衍生出不同形式的信息产品,然后通过不同的平台传播给受众。

媒体融合是信息时代背景下的一种发展理念,是在互联网迅猛发展的基础上新媒体与传统媒体的有机整合,这种整合体现在两个方面:技术的融合和经营方式的融合。这种融合是新媒体与传统媒体发展的出路。

我国党和政府十分重视这两种媒体融合发展,把推动媒体融合发展作为一项紧迫的战略任务。

在2013年8月19日召开全国宣传思想工作会议上,习近平提出明确要求,加快传统媒体和新兴媒体融合发展。

2014年8月18日,中央全面深化改革领导小组第四次会议通过了《关于推动传统媒体和新兴媒体融合发展的指导意见》。在会议上习近平总书记强调,推动传统媒体和新兴媒体融合发展,要遵循新闻传播规律和新兴媒体发展规律,强化互联网思维,坚持传统媒体和新兴媒体优势互补、一体发展,坚持先进技术为支撑、内容建设为根本,推动传统媒体和新兴媒体在内容、渠道、平台、经营、管理等方面的深度融合,着力打造一批形态多样、手段先进、具有竞争力的新型主流媒体,建成几家拥有强大实力和传播力、公信力、影响力的新型媒体集团,形成立体多样、融合发展的现代传播体系。要一手抓融合,一手抓管理,确保融合发展沿着正确方向推进。

2019年1月25日,中共中央政治局在人民日报社就全媒体时代和媒体融合发展举行第十二次集体学习。习近平在主持学习时强调,推动媒体融合发展、建设全媒体成为我们面临的一项紧迫课题。

在中央正确部署下,两种媒体融合发展出现良好的态势。当前,主流媒体积极响应党中央战略部署,主动出击加入媒体融合大潮,融合平台纷纷建立,取得了显著成绩。

三、互联网时代的阅读方式

近年来,以计算机技术、通信技术和信息处理技术为核心的新技术革命推动了网络信息的发展,使我们的阅读方式也发生了改变,传统阅读方式和数字化阅读方式并存。

1. 数字化阅读

数字化阅读,是信息时代出现的一种阅读方式,依靠各种数字平台、终端等,以数字化形式帮助阅读者获得知识。数字化主要有两层含义：一是阅读对象的数字化，也就是阅读的内容是以数字化的方式呈现的，如电子书、电子地图、数码照片、网页等等；二是阅读载体的数字化，就是阅读的载体不是平面的纸张，而是带屏幕显示的电子仪器。

数字化阅读主要有以下特点：

第一，数字化阅读资源丰富，且形式多样。数字化阅读资源除了文本格式，还有图像、声音等多种形式的资源，阅读方式多种多样，方便快捷。

第二，数字化阅读不受时空限制，便于个性化阅读并大大增强阅读的交互性及开放性。数字化阅读突破了时空的限制，全球的读者都可以通过互联网进行交流，开放的阅读环境使信息传播更加广泛，利用价值更高，从而实现资源共享、自由阅读、各取所需。

2. 数字化阅读与传统阅读可满足读者的不同需要

数字化阅读与传统阅读二者各有利弊，能满足不同读者的不同需要。

从阅读的广度和便捷度来看，数字化阅读比传统阅读更有优势。数字化阅读所借助的媒介不受时空限制，又具备强大的检索功能，极大地提高了文献获取效率。传统阅读需要借助纸质载体，相比电子媒介，其占用的空间大，信息存储量小，检索速度慢，收藏和整理也比较烦琐。从保存的角度来说，纸质图书的保存工作量大，成本高，保存效果差。而将文献数字化既有利于推广阅读，又能实现永久保存。

第二，从阅读的内容来看，传统阅读的内容优于数字化阅读。报刊、图书等传统读物的内容都经过"三审三校"，在信息的准确性、思想深度等方面更有优势。而且传统的阅读方式，便于读者做标注，划重点。数字化阅读的内容大多未经筛选和编辑加工，质量参差不齐。此外，纸质读物不受外部硬件设备的限制，不会操作电子产品的幼儿和老人也能自如阅读。

第三，传统阅读带来的体验能满足读者的心理需求。纸质书籍的装帧、设计、印刷，会给读者带来视觉、触觉等方面的综合体验。读者可以感受到纸张所带来的文化氛围。如传统线装书，那种用线缝制，用宣纸印刷出来的蓝皮书传递出的古朴、典雅、温馨，让读者爱不释手。

第四，从成本来看，数字化阅读优势大于传统阅读。数字化阅读资源借助电子媒介实现传播，消耗的材料较少，而传统纸质图书的生产需要消耗大量材料，从材料的成本来看，数字化阅读较之传统阅读节省很多。另外，纸质图书一旦印制成书，难以更改，而数字化文献可以随时更改。

第五，从对人体健康的影响上看，传统阅读优于数字化阅读。纸质书籍，没有辐射，不会损害人体的健康，而作为数字化阅读载体的电子产品有辐射，长时间看电子屏幕对眼睛造成的伤害也不可忽视。所以我们享受数字资源给我们带来便捷的同时，不要忘记对自身健康的保护。

由此可见，这两种阅读方式都有存在的合理性和价值。人们对它们都必须给予肯定、支持和提倡，不能采取形而上学的态度，肯定一方，否定另一方。相反的，要科学地对待，充分地运用这两种方式，推动全民阅读，在全社会形成喜爱阅读的风气，让阅读丰富人生，让知识武装我们的头脑，提高我们的素质来建设我们伟大的祖国。

3. 互联网时代阅读的要求

如今，我们已经进入互联网时代，数字化阅读已逐步成为年轻一代的主要阅读方式，这是不抗拒的历史潮流。这一潮流增加了人们阅读的机会和时间，提高了阅读的积极性，但也带来不少问题，面对这种迅猛而来的新潮流，我们一方面要以欢迎的态度面对，另一方面要深入探讨阅读中出现的深层次问题，并采取积极的态度加以引导。人们在阅读时应牢记三个要求，以确保互联网时代的阅读朝着正确健康的方向发展。

（1）要求不忘经典

所谓经典，前面说过通常指的是传统的具有权威性的著作。阅读经典有很多好处，大致有五个方面：

第一，塑造人格，提高品德。经常诵读经典读物的青少年会形成孝顺父母、懂礼貌、知礼仪的品格，不仅身心健康，而且未来事业成功率明显增加。

第二，凝神聚力，提高效率。长期诵读经典，孩子在学习时有较高的专注力，养成集中精力的好习惯，从而学习的效率不断提升。

第三，认真专心，提高记忆。据人们日常观察，经常诵读经典的孩子，记忆力明显增强。

第四，激发兴趣，增强能力。据调查，背熟《弟子规》《三字经》等经典的孩子，识字量达到五千字之后，其语言表达能力增强，经常出口成章，引经据典，条理性强，很有深度。

第五，锻炼思维，影响深远。通过长期诵读经典，孩子的思维能力受到良好锻炼，不仅为学好各门功课打下良好的基础，而且对其一生的成长都将产生深远的影响。

（2）要求不忘思考

学与思是辩证统一的。一味读书而不思考，就会被书本牵着鼻子走，而失去主见，相反，如果一味空想而不去实实在在地学习和钻研，则终究是沙上建塔，一无所得。

而在现今的知识经济时代，正确地处理学与思的关系，极为重要，能帮助我们更好地学习、掌握和运用知识，从而在激烈的竞争中占据上风，立于不败之地。在数字化阅读时，尤其要重视学中思，思中学，把学与思有机结合起来。

（3）要求不忘动手

"不动笔墨不读书"，强调读书勿忘动手。我国著名教育家徐特立在教育孙女时提出三点要求：一是一边读一边想；二是有些好的段落，光读光想还不够，要能够背才行；三是要养成读书记笔记的习惯，可以做摘抄、记提要，也可以写心得体会。其中第三点就是说的"不动笔墨不读书"。数字化阅读同样强调将读与写结合起来。只一味读和背，还不算真正的阅读，只有把读书与动手、读与写结合才有意义，才能增强阅读的效果。

我们要按照这三个要求，使互联网时代的阅读走入正道，使灿烂的阅读之花，结出高质量人才的硕果，使青少年一代在书海耕耘中真正强起来。

第八章

借鉴在于超越

对比是认识事物的一种有效方法,本书第三章以我国全民阅读状况与发达国家对比,我们可以明显看出其中的差距。现再举些例子作进一步说明,以引起国人的警醒。

一是根据中国新闻出版研究院组织的第九次全国国民阅读调查,2011年我国成年国民人均阅读量为4.3本,远低于韩国的11本,法国的20本,日本的40本。2014年我国成年国民人均阅读量为4.77本,韩国15本,法国24本,日本44本。中国是世界人均读书最少的国家之一,这与中国悠久的文明史,深厚的文化底蕴很不符。

二从阅读氛围看,发达国家的阅读氛围比较浓厚。如德国人是十分喜欢读书的,在德国人们看不到晚上10点后还有人在饭店吃得热火朝天,也很难看到他们兴高采烈地满大街狂欢,年轻人也不经常聚在一起玩耍撒欢,在那里人们都在认真地看书学习。而我国有不少人把时间用于打麻将、看电视、打游戏。

我们应借鉴发达国家在倡导国民阅读方面的经验，从而见贤思齐，发奋图强，努力赶超。

一、重视是关键

发达国家全民阅读开展得好，其共同特点是政府重视。长期以来，他们把全民阅读提升到国家战略的高度，摆在重要位置，这种重视突出体现在国家对先进阅读理念的培育、立法保障推广、政府首脑以身作则等方面，从而逐渐使阅读成为国民重要的生活方式。

1. 先进理念的培育

（1）理念的含义

理念就是指人们经过长期思考和实践所形成的思想观念、精神向往及理想追求。先进的理念具有预见性、前瞻性和激励性。它对人们的实践活动有着重要的指导意义，在一定条件下起着决定的作用。发达国家都十分重视先进阅读理念的培育。

西方一些国家强调全民阅读的重要性：一是把书当作精神食粮。他们认为，人必须具备两种食粮，仅靠物质的食粮只能维持生命，这是远远不够的。二是读书是不可或缺的生活方式，是生活的必需品。三是阅读是育人的重要方式。

（2）先进理念的作用

先进阅读理念具有激励的作用，能提高人们阅读的自觉性和积极性。下面以德国、以色列、法国、俄罗斯、美国、英国等国为例，加以说明。

第一，德国。即使是互联网十分发达的当今时代，德国人依旧保持着爱读纸质书的传统，不论在地铁列车里，还是在公园草坪上，甚至在医院的候诊室内，手捧书本埋头阅读的人都很常见。调查显示，70%的德国人喜爱读书，一半以上的人定期买书，三分之一的人几乎每天读书。值得一提的是，在所有年龄段的人群中，30岁以下的年轻人读书热情最高。书已经融入德国人的日常生活中，对于德国老百姓而言，读书就像喝啤酒一样平常。

第二，以色列。据联合国教科文组织的一项调查，以色列人均拥有的图书馆和出版社的数量居世界各国之首。据称，以色列人均每年要买10到15本新书，而他们的阅读量更是大大超过了这个数字。这种爱读书的风气通过教育从成年人传给了下一代。据说，以色列人教孩子读书时，会在旁边放一罐蜂蜜，每读一句书，就让孩子舔一口蜜，意思是让他们明白读书是一件甜美和快乐的事。

第三，法国。法国人爱读书在欧洲比较有名。巴黎的大街小巷随处可见书摊、书店，塞纳河边有很多专门卖旧书的书店，成为巴黎一处特有的人文景观。到法国人家里做客，可看到几乎家家有藏书，拥有"家庭图书馆"是巴黎人经久不衰的时尚。据法国著名民意调查机构IFOP发布一项统计指出，

第八章 借鉴在于超越

55%以上接受调查的法国人说他们每年阅读了1到12本书，24%的人阅读了12本书以上，其中许多人达到了20本。此外，法国人阅读的频率与社会职业水平有关：中高级职员和自由职业者平均阅读了17本书，职员平均阅读了8本书，工人平均阅读了7本书。

第四，俄罗斯。读书是俄罗斯民族悠久的传统习惯。在俄罗斯人看来，书籍与面包同等重要，人不能不吃饭，也不能不读书，他们用于阅读的时间远远超过吃饭。读书是他们日常生活中一项不可缺少的内容。

第五，美国。在越来越多人担忧纸质书籍会被电子书取代的今天，2016年，美国皮尤研究所的一项报告显示，在美国过去12个月读过一本纸质书的人，依然比看电子书的人数多出一倍以上。该报告还指出在过去12个月里，有73%的美国人至少看了一本书，有65%读过一本纸质书。相比之下，只有28%的人只看过电子书，14%的人选择听有声读物。调查结果显示，美国人平均一年看12本书。虽然随着智能手机和平板电脑的普及，电子书数量增多，但对于美国读者而言，大部分受访者仍然愿意选择纸质书。

第六，英国。在英国阅读的气氛也非常浓厚。一位东欧国家外交大使离开伦敦时说：无论在伦敦地铁，还是在飞机上，以及穿越英法海底隧道的"欧洲之星"高速列车上，识别英国人的最好方法就是看谁拿着书在读。英国人在音乐、绘画、建筑艺术上都自愧不如欧洲大陆，但他们给世界贡献了大量的诗人、小说家、文艺评论家。英国人的报纸阅读率居全世界第一，他们对阅读的热衷似乎与生俱来。

2. 立法保障

发达国家重视全民阅读，还突出表现在立法保障上。

（1）制定法律推动全民阅读

美国通过立法和拨款推动全民阅读活动。1998年，时任总统的克林顿签署了《阅读卓越法案》，将阅读教育纳入法制化轨道。2002年，时任总统的小布什签署《不让一个孩子掉队法》，专门就提高美国儿童的整体阅读水平制定了两项方案：针对从学前班到小学三年级儿童的"阅读优先"计划和专门针对学前儿童的"早期阅读优先"计划。联邦政府对早期阅读优先计划的拨款逐年增加。2009年，奥巴马在其总统就职演说中表示，要加大儿童早期教育的财政拨款，为每一个孩子的成功道路铺好坚实的基石。2011年，美国联邦教育部资助各民间组织开展"提高全美读写能力"的主题活动。

日本利用法律为图书文化振兴提供保障。日本在二战后多次立法，推广全民阅读运动。1999年，日本国会通过一项决议，将2000年指定为"儿童读书年"。2001年，日本国会通过了《儿童读书活动促进法》，将每年的4月23日定为"儿童阅读日"。2002年，日本内阁制定了《推动儿童读书活动基

第八章　借鉴在于超越

本计划》，具体规定了儿童读书活动的基本方针、推进体制建设、设施建设、政府财政投入等内容，使有关推进国民阅读活动的措施更加具体和可行。2005年7月，通过了《文字印刷文化振兴法》，同时确立读书周首日（10月27日）为全国"文字印刷文化日"。2007年2月，日本文部科学省制定了《新学校图书馆配备五年计划》，并专门拨款1000亿日元资金支持计划的实施。2008年，日本国会通过了《关于国民读书年的决议》，将2010年定为"国民读书年"；同年，民间阅读推进组织也发表了《国民读书年行动计划》，号召全社会共同努力，以提高国民图书阅读率和阅读量。

韩国实施推进国民阅读五年计划。韩国早在1994年就颁布了《图书馆及读书振兴法》。2006年，韩国又制定了《阅读文化振兴法》，确定文化体育观光部为国民阅读推广官方机构，并成立读书振兴委员会，每五年制定一份读书文化振兴基本计划，中央政府有关部委和地方政府应据此制定年度实施方案。同时规定，地方政府应当向当地居民提供必需的阅读设施并每年至少举办一次阅读活动；教育行政部门应当制定并组织实施有关在中小学推动阅读教育的计划；中央和地方政府应采取必要措施，促进工作场所的阅读活动；实施阅读月制度，以唤起和激励国民的阅读热情。2008年，首个推进阅读的五年计划出台，当年，文化体育观光部拨款116亿韩元，用于支持阅读推广基础设施建设、阅读教育和出版产业振兴、各类阅读推广活动实施以及弱势群体阅读保障等项目。此外，为切实推进国民阅读，文化体育观光部还将每年9月定为"全国阅读月"，并设立读书文化奖，向为推进国民阅读做出突出贡献的个人颁发总统勋章，以示褒奖。

（2）具体措施

为了推动全民阅读，提升国民阅读能力和培养阅读习惯，各国都根据具体国情，采取许多具有普遍性的措施，归纳起来，主要有以下几个方面：

第一，财税支持。很多国家通过财政拨款来推动阅读相关活动，同时政府为出版等行业提供财税政策优惠，如通过降低税率等手段，保护出版等行业的发展，政府还对有关组织提供财政补贴，以保证阅读推广活动的顺利开展。

第二，加强公共图书馆建设。不少国家为国家图书馆或地区分馆，配置流动图书馆车，扶持公共图书馆建设，推进图书馆信息化发展，完善图书馆资料配备和相应设施，加强图书馆之间的合作，与其他文化教育机构保持专业联系，设立儿童专区及残障读者专区，并完善图书馆相关服务等。

第三，加强学校图书馆建设。推广校园阅读课程，研发科学的阅读教育计划和评价标准，开展学校阅读课程与家庭、社区积极互动，关注幼儿园阅读启蒙教育等。

第四，强调监护人的作用。监护人对少年儿童阅读的影响力和重要性要充分肯定，鼓励监护人参与少儿阅读相关的政府或非政府活动,鼓励父母与孩子之间进行互动。

第五,要求社会组织参与。积极举办有利于营造全社会阅读氛围的活动,重视对志愿者的培养,建立公共论坛、利用网络开展信息交流。

第六,重视推广。在有关阅读推广活动方面,制定正确的阅读推广指导思想,对有卓越表现的组织或个人进行表彰,定期或不定期地举办有利于阅读推广的活动,加强科学研究,积极培养阅读推广人才。

第七,照顾弱势群体。积极改善残障读者的阅读环境,完善阅读资源;图书馆设立残障读者专属区域,为视障、精神发育迟滞、诵读困难等有阅读障碍的人群提供丰富的图书资料和多媒体资料,支持特殊人群开展读书活动等。

3. 政府首脑以身作则

一些发达国家重视全民阅读,不仅表现在狠抓先进阅读理念的培育,把全民阅读作为国家的重要战略,开展阅读立法,保障全民阅读活动的顺利推广等方面,而且还体现在政府首脑亲自参与、支持和指导全民阅读活动上。

美国多位总统都很关注全民阅读。克林顿担任总统期间,推出了全国儿童阅读计划,并颁布《阅读卓越法》,还呼吁全美100万志愿者站出来,帮助儿童读书。小布什有着"书虫总统"雅号,出行时总会随身携带六七本图书。在小布什任职总统期间，美国推出名为《不让一个孩子掉队法》，这这项法律还制定了专门计划，帮助低收入家庭的孩子多读书。

英国前首相布莱尔把提高教育质量作为执政的首要任务。布莱尔曾就教育问题作了长篇演讲，反复强调要提高教育质量，为每个人提供优质教育。

二、提倡早期阅读

任何事物的都有自身的规律。人们按规律办事，就如顺水行舟，达到事半功倍的效果。

0至6岁是语言发展的敏感期。在这一时期，假如孩子处在良好的语言环境中，即可事半功倍地掌握某种语言。语言的敏感期具有阶段性和特定性，一旦错过便无法弥补。因此，一些发达国家高度重视和积极提倡早期阅读，努力培养儿童阅读习惯。

1. 早期阅读

早期阅读，是指学前期儿童的阅读。一谈到阅读，家长们首先想到的可能就是看书、识字。其实，对于学前期幼儿来说，阅读是一个相当宽泛的概念，除文字外，图画、成人的语言等都是他们的阅读材科。

早期阅读教育有几种基本方法。

第一，讲述提问。这种方法对刚刚可以理解故事内容的孩子非常适用，但提问需要十分注意技巧和方法。通常，提问应尽量简单，比如用"有没有……""是不是……"的句式来提问，让孩子很容易能从故事中找出答案，这样可以增加他们阅读的积极性。同时不光家长可以向孩子提问，也可以交换角色让孩子向家长提问。

第二，延伸想象。当孩子能够自己看懂故事，并且比较好地理解故事内容的时候，这时我们便可采取延伸想象的方法。延伸想象可以在拿到书的任何一个时刻开始。比如听到妈妈说故事的名称时，孩子可以猜猜这个故事大概讲什么内容；看到书的封面之后，也可以想象一下书中的故事；或者在翻到书中的任何一页时，也可以停下来，自己想一想接下来会发生什么样的事情；或者在故事结束之后来个大猜想！不论在什么时候进行延伸想象都能促进孩子思维能力与想象能力的发展。

第三，移情方法。移情法是让孩子将自己想象成故事中的小主人公，想象自己在遇到这种问题时会怎么做。这种方法通常适合在故事阅读中展开来，根据前半部分所了解到的内容，将自己代入角色中，想象自己的做法。这种方法，一方面可以加强孩子对故事的理解，另一方面也可以发现孩子在处理问题时存在的缺漏，以便帮助他学习正确有效地处理问题的方法。

第四，角色扮演。角色扮演有点类似玩游戏。让孩子扮演故事中人物，并且将故事的内容通过表演的形式呈现出来。这种方法要求孩子对故事的内容比较熟悉，能够准确把握故事中的人物语言和动作特点。

第五,改编情节。这种方法适合即将上小学的孩子。为了训练孩子的逻辑思维能力和想象能力,家长可以让孩子来改编某一个故事情节,让孩子在家长有意识的启发之下展开想象,有条件的话还可以自己将新的故事画出来或写出来。

2. 阅读习惯的培养

心理学研究表明,2～8岁是习惯培养和形成的关键时期,这时的幼儿可塑性较大,形成的阅读习惯比较牢固,不易改变。国外许多有识之士总是站在终身教育的高度,重视幼儿阅读习惯的培养。

国外重视幼儿早期阅读,并不是为了让孩子提早识字,掌握知识,他们认为这是个严重的误区。这样做,会将早期阅读这一充满童趣的活动,变得枯燥乏味,严重地扼杀孩子的兴趣和积极性,其实早期阅读的根本目的在于培养阅读的习惯和能力,促进孩子想象力、思考力和探究精神的发展。如,英国在孩子早期阅读问题上,总结出五个字"开心,不功利",也就是说,他们在给孩子选择读什么书时,不会刻意去考虑这本书是不是益智,是不是寓教于乐,是不是蕴含着品德教育,是不是有助于培养良好行为等等。他们认为,童书最大功能不是教育,是引导,引导孩子爱阅读、享受阅读。

兴趣是孩子最好的老师,激发幼儿对阅读的兴趣,是培养幼儿阅读习惯的关键。这种兴趣是孩子积极探究某种事物或进行某种活动的心理倾向，它会使人产生愉快的情绪体验，在精神上得到一定的满足。因此，从兴趣入手，激发幼儿的内部动机，可以保证幼儿阅读活动顺利进行，并取得积极的阅读效果。可见，引导和培养幼儿的阅读兴趣，是培养幼儿阅读习惯的重要环节，一些发达国家很重视培养幼儿阅读兴趣。

为培养儿童阅读兴趣，还有不少国家的图书馆会定期举办读书俱乐部、阅读写作竞赛、益智游戏、儿童文化节等活动。儿童和家长可在图书馆专人的指导和帮助下，进行不同的阅读环节和益智活动。同时，图书馆每年还会和学校合作，组织学生集体参阅，相互交流等。

习惯是经过不断重复而形成的一种自动化行为。要培养良好的阅读习惯，就必须保持阅读行为的持续性。在加拿大，一些学校对学生每天在校的阅读时长要求不高，一般是 15 分钟，但要求长期坚持。丹麦许多小学规定，学生每周都要根据自己的喜好，选择读一本书。长期坚持就会收到很好成效。位于丹麦第二大城市的奥胡斯大学 2014 年年底在近 2000 名 9 岁至 12 岁的儿童中开展了一项读书调查，发现与 2000 年相比，课后坚持阅读的学生比例从 56% 上升至 61%。调查发起人、奥胡斯大学儿童文学中心的斯泰思·汉森认为，丹麦儿童阅读量增加，与学校重视学生阅读并为此所做的各种努力是分不开的。

3. 充分发挥家长的作用

培养孩子的阅读习惯，仅依靠学校（园）和社会是远远不够的，更重要的是家长的参与，在一些发达国家，父母在孩子早期阅读方面发挥重大作用。

（1）重视家庭环境的创设

在欧美，有许多家庭都备有专供孩子使用的小书柜，上面摆放着孩子喜爱的读物。日本有的家长对书柜的摆设很讲究，还提出几项注意：

第一，书柜里的书不要一本挤着一本，而要摆放成便于看到封面的样子。此外还会在书柜上设置"推荐专栏"或者"特别介绍空间"等，在书的陈列和摆放上下功夫。

第二，家中的阅读空间，通常设置在可以远眺的窗边等能够让人彻底放松的地方。

第三，在书柜里，同时摆放有爸爸、妈妈和孩子的书。

第四，在家里人经常走动的地方，或者是在家中所有看得到的角落，都摆放着书。

第五，摆放漫画书籍的空间，是在父母的视线所及的位置，孩子阅读漫画处于父母的监督之下。

第六，孩子能经常看到父母进行阅读和学习的身影。

第七，父母小时候阅读过的书籍，或者父母童年时代的日记等，能够摆放在书柜上。

第八，即使孩子已经上高年级了，父母依旧保持为孩子阅读书本的习惯。

第九，阅读之后，父母和孩子会将读书感想写下来夹在书页里，或贴在书柜上，互相传递彼此的心得与感想。

（2）为孩子精选合适读物

他们认为，孩子读书的兴趣有无，阅读能力的强弱，与读物的选择有很大关系。所以，他们很注意选择符合孩子年龄特点、阅读能力和兴趣的读物。

（3）共读引领

心理学研究表明，父母能否与孩子共读，在共读中是否给予积极引导，对孩子阅读兴趣和效果有很大影响。有的家长经常声情并茂地给孩子"读"故事，利用形象的语言，帮助孩子理解图书内容，引发其感情共鸣。读后还与孩子一起复述故事或扮演故事角色，引导孩子重温阅读的内容，启发孩子的想象。

俄罗斯的儿童阅读是从准妈妈的培训开始的：俄罗斯儿童图书馆馆员会直接到医院妇产科或妇幼保健中心为孕妇提供孕期、产期、哺乳期、婴儿生长期的育儿阅读文献；经常举办讲座促使母婴尽早接触书籍，让即将出生的婴儿获得阅读的胎教；还会对准妈妈进行阅读辅导，用讲座的形式解答准妈妈关于儿童阅读的各种问题。

(4) 带头示范

国外一些家长在以身示范方面做了很多工作。他们很重视加强自己的学习，以自己的良好阅读行为去带动孩子的阅读，做一个富有细心、耐心和慧心的引领者，帮助孩子叩开阅读的大门，他们都严格要求自己，凡要求孩子做的自己就先做到。父母带头阅读，手不释卷，那么在孩子眼里，这书本就是好东西，读书就是一件有趣的事。在共读中还经常跟孩子讲述自己喜欢什么书，从书中学到什么，这样就使孩子感到阅读也是父母生活中重要的部分，应该重视阅读。世界著名学者约翰·斯图尔特·穆勒在自传里写道："如果说我有一点成就的话，那是我从我父亲那里接受了早期教育的结果，是父亲从小培养了我的阅读习惯。"实践证明，只有在良好的家庭环境熏陶下，孩子才能养成良好的早期阅读习惯。

三、加强研究促发展

为了适应全民阅读发展的需要，一些发达国家成立了专门的阅读研究机构。比如在美国由著名学者组成的早期阅读委员会，研究早期阅读教育问题，为美国早期阅读建立了理论体系，为培养学前儿童的阅读能力提供了可靠的理论依据和实践方法，在美国以及国际教育界引起了强烈反响。各个国家研究工作虽有不同，但对全民阅读理论与实践的发展都做出不少贡献。

1. 研究互联网特点，提出应对举措

信息时代，随着互联网的兴起，多媒体的发展，给人们带来方便的同时，也产生了许多新的问题。有研究机构在研究中发现，互联网时代人们的阅读习惯和阅读率都发生不同程度的改变。

2004 年，美国发布了一份关于"阅读危机"的调查报告，指出，美国人在逐渐远离书籍和文学作品，而亲近电视和电子媒体。2007 年 9 月又发表了《读还是不读》的报告，报告指出：美国人读书的时间越来越少了，青少年是读书最少的人群，和过去的 20 年相比，美国家庭用于买书的费用减少了，人们的阅读理解技能正在退化，阅读质量和读者的社会文化经济状况有着密切联系。爱好读书的人工作回报高并且在生活中扮演重要的角色，相反，阅读能力差的人容易辍学、失业。

日本也非常流行阅读手机小说。据《产经新闻》报道，自 1997 年以来，图书的销售额年年下降，手机阅读普及率却年年上升。从 2007 年开始，通过手机在车上看书的人越来越多，人们的读书方式正在悄然变化。日本极具代表性的出版社之一新潮社推出了手机阅读文学，两年已有 3 万用户订阅了他们提供的手机读物。

调查研究中暴露出来的问题，引起了发达国家普遍的重视，各国都采取强有力的措施，推进社会阅读不断向前发展。

(1) 进一步开展阅读状况调查和评估

美国、加拿大、新加坡、韩国及法国、英国等国家进一步开展了不同程度的国民阅读状况调查与评估，掌握了国民阅读的规律、特征、倾向等，并把调查结果向社会公布，有利于人们看到阅读中存在的问题，并积极寻求改进措施。许多国家还在中小学生中进行阅读能力的评估，了解学生的实际阅读能力。

这些国家以调查评估的结果为依据，采取有效措施来推动全民阅读的发展。

为了推动青少年阅读活动，日本政府修正了《学校图书馆法》，规定学校规模如果超过 12 个班级，必须配备专职的图书馆馆员，并且拨出特定经费，用以充实学校图书馆藏书和改善设备。2001 年，为了扭转大部分学生读书时间减少的倾向，日本出台《儿童阅读活动推进法》，规定各级政府有责任和义务为儿童自主读书活动创造环境。2002 年，日本又出台了《关于推进儿童阅读活动的基本规划》，政府将投入 650 亿日元给学校用于购买图书，改善晨读环境。

(2) 实施促进阅读的项目

美国公共阅读项目于 2006 年开始实施，在社区中开展鼓励孩子及成人读书的活动，公共图书馆是项目实施的重要场所，围绕培育阅读兴趣，提高阅读水平而组织读书会活动。

新加坡国家图书馆管理局为培养国人阅读风气，2005 年首次举办了"读吧！新加坡"活动，多方面鼓励国人多看书，享受阅读乐趣。2007年1月，新加坡还推出了旨在提高小学生的阅读兴趣和能力的"小学生阅读计划"。主办者推出了一本适合当地小学生阅读的定期刊物，并且设立了一个配合刊物的学习网站。教师还鼓励学生在课外到图书馆借阅图书，并根据学生借阅的图书数量颁发"阅读学士"、"阅读硕士"和"阅读博士"等奖状。

英国推出了"始于阅读"计划。"始于阅读"计划的目的是帮助儿童的早期交流、语言发展以及社会性与情感发展。该计划由许多儿童图书出版商提供赞助，并通过图书馆和早期教育工作者来实施，向婴幼儿提供免费图书。

（3）建立图书馆与家庭相结合的服务体系

俄罗斯人历来视图书为精神食粮、视图书馆为精神家园。在俄罗斯的许多公共图书馆和少儿图书馆设有家庭阅读研究机构，俄罗斯家庭阅读十分普及，这不仅得益于家庭藏书丰富，也得益于图书馆制定的阅读大纲。俄罗斯各级各类图书馆都有专人编写适合各年龄层的阅读大纲，为各年龄层、各类家庭提供所需信息。家庭阅读大纲具有整体性，从制定到实施都有一整套的措施。家庭阅读活动形式多样，包括早期阅读、节假日阅读、主题阅读等。

2. 分级阅读，增强针对性

分级阅读也是国外阅读研究的一项重要课题。其目的是加强对青少年阅读的指导，以取得更好的效果。

（1）什么叫分级阅读

分级阅读是指按照不同年龄阶段少年儿童的智力和心理发育程度，为其提供科学的阅读计划和适合的读物。现在已经形成了较为成熟的多种分级阅读体系，如美国的字母分级体系，即按英文26个字母分段安排阅读；年级分级体系，英国的彩虹分级体系等。但无论哪种分级阅读体系，其核心本质是使读者找到合适的读物，因此，它基本上包括两方面：评估阅读者阅读能力和推荐符合不同阅读级别的读物。

（2）最常见的分级法

按年龄段进行分级阅读，是分级阅读中最常见、最有针对性、最有效的做法，也是阅读细化、深化的体现。在西方国家，按年龄段分级阅读，按照人的成长规律，大体可以分为4段。

第一，婴儿段，年龄为0岁至3岁左右。这一阶段的婴儿阅读以"玩""看""听"为主。"玩"就是玩具读物，"看"就是大画面的色泽艳丽的婴儿类画报读物，"听"就是婴儿广播等，主要功能就是通过阅读培养婴儿的动手能力、视觉、听觉等。

第二，幼儿段，年龄为3岁至7岁左右。这一阶段的幼儿阅读，是婴儿阅读的继续和深化，是亲子阅读的最好时期，玩具读物可以添加数字启蒙、文字启蒙的元素。幼儿阅读可以转入图文并茂的图画书阅读、动漫图书阅读。

第三，小学生段，年龄为 7 岁至 12 岁左右。这一阶段阅读开始注重文字阅读，少儿书、报、刊成为主要读物，同时电视阅读和互联网阅读对他们具有巨大的吸引力。

第四，中学生段，年龄为 12 岁至 18 岁左右。这一阶段是经典阅读、名著阅读和全媒体阅读阶段，阅读的自主性、自由度充分显露，也是通过阅读影响人生价值观的重要阶段。

（3）分级阅读的好处

分级阅读的好处很多，对孩子来说主要有 3 个方面：

第一，从小培养孩子的阅读兴趣。对于成长期的孩子来说，他们的认知能力有限，分级阅读能使他们更好地接受不同的事物。处于幼儿时期的小朋友可以通过一些简单的词汇和图画来建立自己对周围事物最初的认识。同时我们可以根据简单的阅读材料，通过讲故事比赛之类的小游戏，提高他们对于阅读的兴趣。

第二，帮助孩子丰富词汇量。有时候小朋友想要表达在生活中看到和听到的事物，却往往因为词汇量不足，导致无法说出自己想说的话。很多时候是因为小朋友看的阅读材料难度不一，无法很好地吸收和掌握一些新词汇，此时就体现出分级阅读的必要性了。对于低龄小朋友，我们选取简单的文字和图画，随着年龄的增长，逐步提高阅读难度，逐步提高小朋友掌握词汇的水平。

第三，给孩子打开知识之门。丰富的阅读不仅可以增加小朋友的词汇量，而且可以帮助小朋友在书中发现更多的新事物，了解日常生活以外的世界。分级阅读可以让不同理解与认知水平的小朋友，更容易接受书中的内容，避免出现传统阅读方式中小朋友不喜欢阅读甚至逃避阅读的状况。让小朋友在不同的年龄段，由浅入深地理解不同方面的知识，从而获得大量的知识积累。

所以，英美等国家都很重视分级阅读，并创造很多做法为孩子分级阅读提供方便。例如在美国，几乎在每个儿科医生诊所里，都有一个小书架，上面有适合各个年龄段的儿童阅读的书籍。

3. 研究总结，推广经验

发达国家开展全民阅读推广活动已将近半个世纪了。美国始于20世纪中期，英国始于20世纪80年代，日本虽晚于美、英开始，但发展十分迅速。这些国家全民阅读推广活动开展得早，经历时间较长，比较成熟，有许多好的做法，总结出不少经验。

（1）全民阅读推广活动的模式

这个有效的推广模式就是以图书馆为主要力量，企业、媒体等众多机构鼎力合作进行阅读推广的模式。这些国家十分重视图书馆的作用，把它作为促进全民阅读的主阵地。美国

第八章　借鉴在于超越

政府出台的《图书馆服务与建设法案》《图书馆服务与技术法案》等就是着眼于公共图书馆的建设和服务的，对阅读资源的获取、阅读场所服务标准等做了详细规定。政府也为图书馆的扩建与服务升级提供大量的财政拨款。各种社会团体实施了诸如"书籍改变命运""一城一书"等大量阅读推广活动，取得了很好的效果。此外，美国充分利用媒体和互联网进行阅读推广。"欧普拉读书俱乐部""全球图书漂流网站"等都是在新媒体时代应运而生的阅读推广活动。

英国同样重视公共图书馆的行业规范，早在1850年就颁布了《公共图书馆法案》，鼓励地方设立免费的公共图书馆，促进大众对信息和阅读资料的免费获取。2001年英国又制定了全国性的《公共图书馆服务标准》，并将其中一些指标纳入地方政府考核指标中，由审计署收集相关数据进行公布。2003年，英国颁布《图书馆合法寄存法案》规定出版商有义务将自己在英国出版的每一份出版物在出版后的一个月内自费寄到大英图书馆存档。提交的书必须质量完好，与正常出版的书无异。2013年，英国进一步修订了此项法案，将电子出版物也纳入在内。在政府机构的指导下，英国的非政府组织也积极参与到全民阅读推广活动中。图书信托基金会、国家文学基金会、英国阅读社等众多机构每年发起读书活动，提供各种阅读资源，培养民众的阅读兴趣。

日本通过地方政府设立的公共图书馆的补助制度、各级图书馆服务规范等，明确了图书馆设置与运营的原则性标准。日本出版界联合图书馆、书店、媒体及文化相关团体组织了多项读书活动，鼓励家庭、学校和个人积极参与阅读，提升个人阅读能力，培养阅读习惯。

在日本，政府不仅仅通过立法强调全民阅读，将全民阅读明确上升到国家文化复兴的层面，也在具体的活动中协调各方合作，保证阅读活动的有效进行。

（2）全民阅读推广活动的机制

这个机制就是通过立法形式将全民阅读的有关社会组织（学校、图书馆、书店、企业和媒体等）都作为活动的主体，合理分配其权利义务，并督促其贯彻执行的机制。

在这种机制下，政府承担主要责任，并为阅读活动提供有力的保障，有关行业组织、企业、媒体等非政府组织紧密配合，共同完成全民阅读的任务。在具体做法上有以下几个特点：

第一，重视发挥政府的服务作用。政府既是全民阅读活动的倡导者，又是全民阅读活动的重要参与者。作为推动全民阅读活动的主要义务主体，政府责任体现在提高其自身的服务意识和服务能力方面，主要表现为经济上的支持和内容上的指导。

第二，提供优质的公共图书馆服务。图书馆作为最重要的阅读场所，是促进全民阅读的主阵地。这些发达国家除了要求政府对公共图书馆的建设提供财政上的支持,也从具体的服务内容方面,对公共图书馆的馆藏、开放时间、人员数量与资格等做了规定。

同时,各国也规定了公共图书馆的具体服务标准。除了硬件设施标准,在软指标上,也规定了图书馆馆员的工作时间以及对他们的培训要求,确保图书馆馆员能够为公众提供优质服务,保证民众对阅读资源的获取。有的国家,如日本和俄罗斯还制定了图书馆馆员的职业标准,明确馆员的职责与义务。

第三,重视其他社会组织的延伸服务。快速有效地实现全民阅读不能完全依靠政府,各种营利性、非营利性社会组织也是推动具体活动实施的中坚力量。为鼓励社会组织开展全民阅读活动,各国立法或以倡导性立法的形式鼓励和支持各类社会团体积极参与和组织全国性、地方性的阅读推广活动,或以强制性立法的形式赋予社会组织一定的义务。日本《文字印刷文化振兴法》规定,国家及地方公共团体为确保与振兴文字、印刷文化相关的政策顺利实施,要加强与各机构及民间团体之间的必要合作。俄罗斯《国民阅读扶持与发展纲要》提出在广播、电视、印制类大众媒体上开辟阅读问题专栏,借助大众媒体开展专项阅读活动,提高人们对阅读的重视。美国要求地方教育机构与社区组织、早期幼儿组织、家庭读写组织、公共图书馆、学校等开展合作,改进阅读教学,提高儿童和成人的阅读能力。相关组织和教育机构开展这些活动时可向州政府申请经费资助。

第四,注重综合阅读能力的培养。公民的阅读能力是实现全民阅读的重要条件,提高公民的综合阅读能力也是全民阅读活动的根本目的之一。培养阅读能力非一朝一夕所能完成,需要全社会长期的努力。在培养阅读能力的各个环节中,学校和家庭的作用至关重要。一些发达国家将提升公民的读写能力作为重要目标,通过拨款、制订考核标准等方式,将学校和家庭发展成阅读活动的坚实阵地。在青少年阅读能力培养方面,美国通过《阅读卓越法案》等,将中小学生的阅读能力列入中小学评级的考核指标中从而引起学校的重视。

除了对学校提出强制性要求,一些国家也对家庭提出倡导性要求。日本《儿童阅读活动推进法》要求父母或其他监护人要给儿童提供读书的机会并培养儿童读书的习惯。

(3) 全民阅读推广特色活动

国外推广全民阅读的方法多种多样,以下几种活动比较有特色。

第一,书籍减价推动读书。每年的4月23日是"世界读书日"。设立世界读书日的建议由国际出版商协会提出,其灵感源自西班牙加泰罗尼亚地区的"圣乔治节"。如今每到世界读书日,一些书店的书籍会减价,有时作为礼物,书店还会回赠给买书者一朵鲜艳的玫瑰。

第二,志愿者赠书给不常阅读的人。相比世界读书日,

第八章 借鉴在于超越

世界读书夜活动范围较小。世界读书夜活动从 2010 年开始举办，最初只在英国地区，后来推广到爱尔兰、美国和德国。2011 年 3 月 5 日，世界读书夜以"读书的一百万个理由"为主题在英国举行了一次规模庞大、形式新颖的图书赠送活动。与以往的赠书活动不同，出版商、书店这一次只负责提供图书，将图书赠送出去的则是自发报名参与的 2 万名志愿者。这些被称为"赠书人"的参与者每人选择 48 本书，在 3 月 5 日这天晚上，以自己喜欢的方式把书赠送给任何一位或多位不常阅读的人。

第三，名人效应鼓励全民阅读。美国出版商协会发起一项全国性的公共服务活动，叫作"抓住阅读"，意在激发人们阅读的兴趣。每年 5 月是"抓住阅读月"，但相关的庆典将持续一年。如今，这项活动已得到数百位名人支持。

由于美国市民对名人的生活非常关注，活动会邀请一些名人进行拍照，特别是名人阅读书籍的照片。把这些照片张贴到各个角落，市民看到那些歌星、球星、政治家在读书，会感觉到名人的成功来自于阅读，从而培养自己对阅读的兴趣。

以上几种推广形式新颖、生动活泼，受到群众的普遍欢迎，因此，效果较好，有力地推动了全民阅读活动的深入发展。

"他山之石，可以攻玉"。其他国家开展全民阅读的许多成功的做法，值得我们参考，特别是他们针对互联网的兴起，阅读方式多元化，阅读率下降所采取的有效措施，值得我们借鉴。这对于促进我国开展全民阅读，尤其对青少年在书海耕耘中少走弯路有一定的意义。

主要参考文献

[1]《毛泽东邓小平江泽民论青少年和青少年工作》,中央文献出版社、中国青年出版社 2000 年版。

[2]《习近平关于青少年和共青团工作论述摘编》,中央文献出版社 2017 年版。

[3] 朱永新:《我的阅读观》,中国人民大学出版社 2012 年版。

[4] 毛胜:《周恩来:为中华崛起而读书》,贵州人民出版社 2013 年版。

[5] 张云晓主编:《0—6 岁,敏感期开启孩子一生》,朝华出版社 2009 年版。

[6] 林格:《教育就是培养习惯》,清华大学出版社 2013 年版。

[7] 岳贤伦:《抓住孩子成长的 8 大关键期》,北京工业大学出版社 2009 年版。

[8] 李怀亮:《新媒体:竞合与共赢》,中国传媒出版社 2009 年版。

[9] 黄勇、孙晔:《自觉担负起时代的重任:胡锦涛总书记关怀青年和青年工作纪实》,《中国青年报》2008 年 6 月 12 日第 1 版。

[10] 孙政:《分析新媒体与传统媒体的区别及优势》,《新闻研究导刊》2016 年第 11 期。

[11] 黄进:《"知识"转化才是"力量"》,《继续教育》2000 年第 05 期。

［12］中国共产党十六大报告、十七大报告、十八大报告、十九大报告，中国共产党历次全国代表大会数据库，http://cpc.people.com.cn/GB/64162/64168/index.html，下载日期：2019年3月9日。

［13］《李克强：一个国家养成全民阅读习惯非常重要》，中国政府网，http://www.gov.cn/premier/2017-04/22/content_5188228.htm，下载日期：2019年3月11日。

［14］徐治彬：《"中国梦"的八个基本特征》，人民网，http://theory.people.com.cn/n/2013/0605/c168825-21743138.html，下载日期：2019年4月16日。

［15］《深度解析：分级阅读究竟好在哪里？》，搜狐网，https://www.sohu.com/a/200390801_808442，下载日期：2019年4月27日。

［16］《国务院法制办就〈全民阅读促进条例〉公开征求意见》，新华网，http://www.xinhuanet.com//book/2017-04/01/c_129523269.htm，下载日期：2019年5月5日。

［17］王志艳：《〈全民阅读"十三五"时期发展规划〉发布》，新华网，http://www.xinhuanet.com/politics/2016-12/27/c_129421928.htm，下载日期：2019年5月13日。

［18］郭英剑：《数字化时代的阅读：读什么和怎么读》，人民网，http://book.people.com.cn/n1/2016/0420/c69360-28290936.html，下载日期：2019年6月17日。